DE LA MAUVAISE CONSCIENCE EN GÉNÉRAL ET DE L'AFRIQUE EN PARTICULIER

DES MÊMES AUTEURS

Derniers ouvrages parus

Eric Branca

Les Présidents de la République, Molière, 2002.

Bernard Debré

Avertissements aux Malades et aux élus (avec Philippe Evon), Le Cherche Midi, 2002.

Jacques Vergès

Dictionnaire amoureux de la Justice, Plon, 2002.

www.editions-jclattes.fr

Bernard Debré
Jacques Vergès
avec Éric Branca

DE LA MAUVAISE CONSCIENCE EN GÉNÉRAL ET DE L'AFRIQUE EN PARTICULIER

JC Lattès

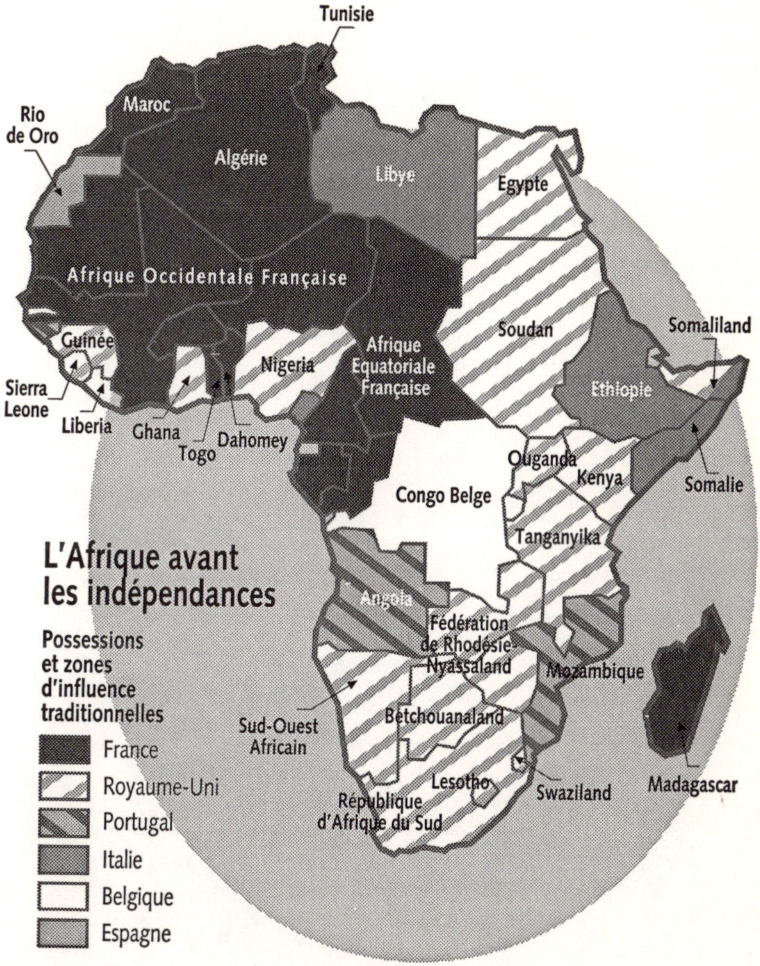
L'Afrique avant les indépendances
Possessions et zones d'influence traditionnelles
France
Royaume-Uni
Portugal
Italie
Belgique
Espagne
Tunisie
Maroc
Rio de Oro
Algérie
Libye
Egypte
Afrique Occidentale Française
Soudan
Somaliland
Guinée
Nigeria
Afrique Equatoriale Française
Ethiopie
Sierra Leone
Liberia
Ghana
Togo
Dahomey
Ouganda
Kenya
Somalie
Congo Belge
Tanganyika
Angola
Fédération de Rhodésie-Nyassaland
Mozambique
Sud-Ouest Africain
Betchouanaland
Lesotho
Swaziland
Madagascar
République d'Afrique du Sud

L'Afrique politique en 2003

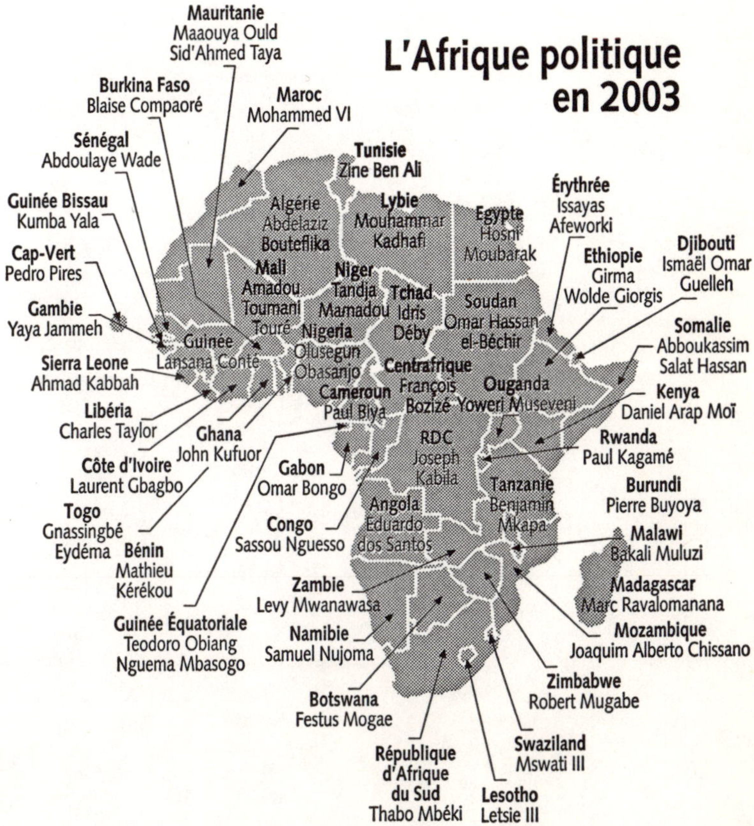

PROLOGUE

Le rêve calciné d'Houphouët-Boigny

Les légendes meurent aussi. Celle de la Côte d'Ivoire, « vitrine de l'Afrique », n'aura pas résisté deux ans à Laurent Gbagbo.

Déjà ébranlé par la chute des cours du cacao dont il reste le premier producteur mondial, cet ancien fleuron de l'Afrique occidentale française a vu, en quelques mois, se déliter l'héritage de son premier président, Félix Houphouët-Boigny (disparu en 1993) : celui d'un État unitaire qu'il avait su protéger, trois décennies durant, de la malédiction du racisme — entre Blancs et Noirs, mais aussi et surtout entre ethnies locales et ressortissants des pays voisins, venus concourir, par leur travail, au miracle économique des années soixante et soixante-dix...

Avec « l'ivoirité » pour tout programme, Laurent Gbagbo, élu en 2000 après avoir obtenu l'élimination de son principal concurrent, Alassane Ouatara (pour cause *« d'ivoirité douteuse »* !), a transformé son pays en champ de ruines, immolant le rêve de paix d'Houphouët sur l'autel d'une post-modernité meurtrière.

Naguère îlot de stabilité dans une Afrique en proie aux pires déchirements, la Côte d'Ivoire est devenue le précipité de tous les drames africains : régression économique sous l'effet conjoint de la baisse du prix des matières premières et de l'abandon des cultures vivrières traditionnelles qui auraient pu, sinon prendre le relais du cacao et du café, au moins nourrir les populations ; retour en force du tribalisme dont Houphouët s'était fait l'adversaire en appelant, comme son ami Nelson Mandela, à la double réconciliation des Africains entre eux et des Africains avec les Blancs, une fois apuré le contentieux de l'apartheid ; ingérence des grandes puissances, à commencer par la toute première d'entre elles, cette Amérique triomphante à qui la fin de la guerre froide a ouvert de nouveaux horizons et dont le rêve est désormais, non plus seulement d'investir en Afrique, mais bien d'investir l'Afrique, en utilisant, comme autant de sésames, les brasiers ethniques qui couvaient sous la cendre de l'affrontement Est-

Ouest dont le continent noir fut un théâtre parmi d'autres, l'objet parfois, mais le sujet jamais.

À quoi assistons-nous, en effet, depuis l'embrasement de la région des Grands Lacs avec son cortège de génocides provoqués par le choc terrible des Hutu et des Tutsi ? Aux fiançailles de l'Amérique avec l'expansionnisme tutsi qui, parti d'Ouganda pour déferler sur le Rwanda, le Burundi et le Zaïre, permet aux compagnies pétrolières anglo-saxonnes de s'approcher des gisements du Congo, de l'Angola et du Gabon.

Et voilà que redevenue l'enjeu qu'elle n'avait plus été depuis le Congrès de Berlin qui, en 1885, fixa pour trois quarts de siècle, les zones d'influence que le Nord s'arrogeait sur le Sud, l'Afrique traverse la catastrophe humanitaire et sanitaire la plus cruelle de son histoire. Dévasté comme jamais par les épidémies, par la guerre et par la faim, le continent noir se meurt dans l'indifférence d'un « village mondial » plus attiré par ce qui brille que par ce qui souffre, mais jamais avare de leçons à l'endroit des importuns qui s'avisent, par leur mort même, de déranger ses certitudes.

Guerre civile en Côte d'Ivoire, tête de pont de l'influence française en Afrique ; génocides d'un bout à l'autre du continent ; hypocrisie d'« élites » occidentales ne parlant des « droits de l'homme » que pour oublier le premier d'entre eux, celui de manger à sa faim : tandis que des milliards d'yeux se tournent vers l'Orient où l'Amérique de George Bush a choisi de solder, à sa façon, ce qu'elle tient pour un « conflit de civilisation », deux hommes que rien ne prédestinait à se rencontrer, ni *a fortiori* à s'accorder, ont choisi de porter leur regard ailleurs. Vers cette Afrique abandonnée à sa misère où pourrait bien se jouer, plus tôt que prévu, l'acte suivant. Deux hommes qui, à leur manière, incarnent, à l'inverse de Saddam Hussein et de George Bush, un Orient et un Occident qui auraient choisi de se réconcilier.

Nous voici chez l'avocat Jacques Vergès, dans le IXe arrondissement, non loin de la Place Clichy, aux confins du Paris populaire et de cette « nouvelle Athènes » dont les hôtels particuliers oubliés rappellent qu'ici le Second Empire voulut faire cohabiter poètes et banquiers. Comme le temps passe...

À voir le maître des lieux, à l'entendre, on lui donnerait volontiers vingt ans de moins. Mais il pourrait en avoir mille. Ou même dix mille... Comme l'Asie qui l'a vu naître et à laquelle il ressemble tant.

Derrière lui, une tapisserie flamande du XVIIe siècle. Classique, dans tous les sens du terme. À sa gauche, devant la fenêtre, une immense statue africaine qui le regarde à contre-jour. Une voix du silence, aussi mystérieuse que la sienne est sonore. À droite, une bibliothèque haute comme une cathédrale. Pas une bibliothèque de notaire, celle d'un lecteur... Marx, Léon Bloy, de Gaulle, Dostoïevski. La tragédie grecque, aussi. La révolte et le destin, la force mystérieuse du « non » contre celle, implacable, de la force des choses...

Et partout, des piles de dossiers. Celui de Slobodan Milosevic, l'ancien président serbe soustrait à la Justice de son pays contre la promesse de généreuses subventions et emprisonné à la Haye sous la férule d'un Tribunal « international » semi-privé qu'il ne reconnaît pas ; ou celui de Bernard Bonnet, préfet de la République accusé d'avoir fait incendier deux paillotes sans existence légale, et jugé sous l'œil — pour ne pas dire sous le contrôle — de l'organisation terroriste qu'il s'attachait à démanteler depuis l'assassinat de son prédécesseur Claude Érignac ; Omar, le jardinier marocain condamné pour le meurtre de sa patronne et dont il est parvenu à obtenir la grâce avant de se battre avec acharnement pour la révision de son procès ; et bien d'autres encore, moins célèbres mais qui lui tiennent autant à cœur...

À l'autre bout de la pièce, une table immense. Une table de réunion transformée en table de jeu, avec ses échiquiers des quatre coins du monde, offerts à des mains invisibles. Un tripot mystique, où plane une odeur de Havane...

Changement d'azimut. Cap au sud, nous voici à l'hôpital Cochin, pavillon Albaran. Blancheur et rigueur. Ici, point de mystère, si ce n'est le plus essentiel : celui de la vie. Des plus prestigieux aux plus anonymes, des milliers de patients ont défilé dans le bureau du professeur Bernard Debré, qui dirige l'un des services d'urologie les plus réputés du monde. François Mitterrand et l'employé du gaz, le patron ou le SDF, égaux dans la détresse comme dans la guérison. *Sic transit gloria mundi :* là-dessus, au moins, les papes de la Renaissance ne se trompaient pas.

Chez Bernard Debré, non loin de la faculté de médecine, le dépouillement qui sied au chirurgien laisse place aux souvenirs de famille. Et quelle famille ! Deux grands-pères membres de l'Institut — l'architecte Charles Lemaresquier du côté maternel et, de l'autre, le professeur Robert Debré, créateur de la pédiatrie française moderne et de la loi hospitalo-universitaire de 1958 —, un frère jumeau, Jean-Louis, président de l'Assemblée nationale et fidèle d'entre les fidèles de Jacques Chirac, et surtout le père que l'on sait : Michel Debré, rédacteur de la Constitution de la Ve République et premier des Premiers ministres du général de Gaulle (1959-1962) avant de devenir son ministre de l'Économie (1966-1968) puis des Affaires étrangères (1968-1969), mais aussi celui de la Défense de Georges Pompidou (1969-1973), non sans rester député de l'île de la Réunion jusqu'en 1988...

La Réunion ! Dans des circonstances ordinaires, ce seul nom aurait pourtant suffi à laisser définitivement *séparés* un Vergès et un Debré... Que le frère jumeau du sénateur Paul Vergès, actuel patron du Parti Communiste Réunionnais, mais aussi le fils de Raymond Vergès, créateur de ce mouvement naguère indépendantiste que l'on vit, dans les années soixante-dix, participer comme « délégation étrangère » aux congrès du Parti Communiste Français, puissent non seulement débattre, mais encore tomber d'accord sur à peu près tout avec le fils de Michel Debré, qui tenait le PCR pour une « cinquième colonne » au service de la stratégie soviétique dans l'océan Indien, voilà qui, sur l'île, fera grincer bien des dents.

C'est que, même vues de France, les vies de Jacques Vergès et de Bernard Debré sont de celles que rien, jamais, n'aurait dû rapprocher. Quand Bernard voit le jour, le 30 septembre 1944 à Toulouse, il y a déjà vingt mois que Jacques a quitté la Réunion et la Faculté pour s'engager dans les Forces françaises libres, aux côtés desquelles il a participé à la campagne d'Italie puis au débarquement de Provence. Dès 1945, il abandonne l'Histoire pour le Droit, reprend ses études à Paris et adhère au Parti Communiste. En 1948, le voici président de l'Association des étudiants réunionnais et du comité de liaison des Étudiants anticolonialistes. C'est l'époque où de Gaulle, qui vient de lancer son Rassemblement du peuple français, mobilise des foules immenses contre les communistes — ces *« séparatistes »* qui n'attendent que l'arrivée des chars russes, massés à « *deux étapes du Tour de France* » de nos frontières... Bernard Debré n'a pas cinq ans et ne perd pas une bribe de ce qu'il entend quand son père, qui parcourt la France avec de Gaulle, rentre à la maison.

Après un stage à l'École centrale coloniale du PCF, en 1949, Jacques Vergès part pour Prague où, de 1951 à 1954, il est permanent de l'Union internationale des étudiants, sous contrôle soviétique. De retour à Paris, il devient avocat et, en 1955, entame sa carrière de défenseur du FLN algérien, laquelle se poursuivra jusqu'à ce qu'en 1961 Michel Debré obtienne sa suspension du barreau et provoque son départ pour le Maroc. Ce même Michel Debré donna-t-il l'ordre à certains services spéciaux, comme le prétendit par la suite son ancien conseiller, Constantin Melnik, de « liquider » Vergès ? Prouvé ou non, l'épisode en dit long sur les sentiments qu'inspiraient au premier ministre de l'époque les militants de sa sorte !

Faut-il le préciser ? Son fils Bernard évolue alors dans une galaxie située à des années-lumière de celle qu'a choisie Vergès. Pendant que l'avocat éprouve, entre clandestinité et coups tordus (ceux qu'il fomente et ceux qu'on lui destine), l'efficacité de sa fameuse « défense de rupture » — 300 militants FLN défendus, 100 condamnés à mort, mais pas un seul exécuté — les fils Debré vivent dans l'orbite immédiate de l'astre de Gaulle, rendu à la France par les clameurs d'Alger.

Enfants, Bernard et Jean-Louis épient, derrière un paravent, les déjeuners donnés à Matignon en l'honneur de Krouchtchev, de Kennedy ou d'Adenauer. Quand ils sèchent sur une rédaction, c'est à Malraux qu'ils demandent conseil ; et quand ils réussissent un examen, le Général en personne prend la plume pour les féliciter. Ils n'ont pas seize ans quand leur père les tire du lit, dans la nuit du 13 février 1960, pour leur annoncer l'explosion réussie de la première bombe atomique française ; ils en ont déjà vingt-quatre quand, au soir du 27 avril 1969, Michel Debré leur apprend, la voix brisée, que le Général rentre définitivement à Colombey...

Un monde s'achève mais, subrepticement, les deux galaxies ont commencé à se rapprocher. Après un an passé en Algérie, où il anime notamment l'hebdomadaire *Révolution africaine*, soutenu par la frange la plus à gauche du FLN, Jacques Vergès est rentré en France en 1963 et a rompu avec le PCF. À l'unisson de Pékin, il dénonce le « révisionnisme » et « l'impérialisme » soviétiques. Coïncidence ! C'est cette année-là que de Gaulle, seul contre tous, reconnaît la Chine populaire et entame avec Mao-Tsé-Toung un dialogue historique dont l'apothéose n'aura jamais lieu : la visite du Général à Pékin, programmée pour 1970, et annulée *de facto* par sa démission...

Comme Malraux, rompant avec l'internationalisme de sa jeunesse dans la Résistance et y découvrant l'importance nodale de la nation, Vergès s'est-il paradoxalement réconcilié avec la France en luttant pour l'Algérie algérienne ? « *Je me suis battu contre le colonialisme,* résume-t-il aujourd'hui, *contre la France, jamais !* » Et de citer, à l'inverse, ses adversaires de toujours : les trotskistes, *« vecteurs universels de toutes les déliquescences et de toutes les compromissions »*.

En aidant de toutes ses forces, à l'émergence, dans le tiers-monde, d'entités nationales indépendantes des blocs, Vergès prend, en tout cas, dans les années soixante, un chemin qui ne sera plus jamais contradictoire avec la voie internationale tracée par la France de De Gaulle : celle de la politique arabe et du discours de Phnom Penh.

Que de Gaulle, revenu au pouvoir, n'ait pas interrompu immédiatement la guerre d'Algérie, et même qu'il ait attendu, pour négocier avec le FLN, que celui-ci fût militairement brisé, non seulement Vergès le comprend, mais comme Mao, à l'époque, n'est pas loin de l'approuver ! Comme lui, Vergès n'est pas un moraliste, mais un dialecticien, nourri d'Héraclite et de Hegel. La guerre d'Algérie n'était pas pour la France une guerre « juste » au sens où l'entendait Mao ? Cela, Vergès l'a hurlé devant les tribunaux ! Mais en praticien des rapports de force, il sait ce qu'aurait coûté à la France gaulliste, sur le chemin du renouveau, une capitulation en rase campagne semblable à celle de Diên Biên Phu !

Bref, pour Vergès, seul un « patriote » aussi intransigeant que le fut le Général pouvait réussir, dans l'honneur, la décolonisation. Il dit : *« Parlez de De Gaulle à un Algérien d'aujourd'hui. Il ne nie pas qu'entre 1958 et 1962 il fut un adversaire. Et même un adversaire implacable ! Seulement, il reconnaît dans cet adversaire un patriote qui ne voulait pas que son pays perdît la face et qui, aussitôt l'armée française maîtresse du terrain, fit en sorte que chacun emprunte un chemin conforme à ses intérêts historiques. La décolonisation une fois menée à bien, de Gaulle a pu parcourir l'Afrique, l'Asie et l'Amérique latine sous les vivats de millions et de millions d'hommes. Je n'imagine pas Guy Mollet accueilli à Phnom Penh ou à Mexico autrement que dans l'indifférence, voire, qui sait ? autrement que sous les crachats ! »*

Quarante ans plus tard, l'amitié qui s'est nouée entre l'ancien révolutionnaire anticolonialiste au sourire d'énigme et le fils de Michel Debré prend ainsi tout son sens. Comme prend un sens symbolique le lieu de leur première rencontre : cette Afrique qu'ils voudraient tant ne point séparer de la France, maintenant que la voici libre d'assumer son destin.

Jeune médecin, Bernard Debré a organisé en Afrique les premières missions humanitaires de l'histoire, dans les années soixante. Au temps du Biafra et du génocide Ibo, quand la France de De Gaulle était la seule à s'opposer à l'avancée conjointe des Soviétiques et des Anglo-Saxons dans la région... À l'époque, les ministres ne s'exhibaient pas encore avec un sac de riz sur le dos devant une armée de photographes bardés d'optiques et d'éditorialistes cousus de principes « humanistes », vite oubliés sitôt remonté dans l'avion.

Devenu un professeur réputé, il continue à se déplacer aux quatre coins de l'Afrique avec son service au grand complet, pour organiser des campagnes de prévention et de vaccination, soigner, opérer, sauver. Il ne juge pas utile d'emmener les télévisions avec lui, mais il a gagné infiniment plus que la notoriété : la confiance et l'amitié de nombreux chefs d'État africains.

Député à l'Assemblée nationale à partir de 1986, puis en 1994-1995 comme ministre de la Coopération d'Édouard Balladur, il n'a cessé de se battre pour que les démocraties occidentales reconnaissent à l'Afrique le premier des Droits de l'homme : celui de se nourrir. Alors, il s'enflamme contre le chantage à la démocratie, ce *« néocolonialisme sournois »*.

Contre les petits maîtres qui ne cessent de faire repentance contre l'œuvre coloniale de la France d'hier — même quand celle-ci fut sans reproche — et n'hésitent pas à traiter l'Afrique en succursale attardée du modèle européen. La démocratie, bien sûr, mais celle, d'abord, des ventres pleins !

« *Vous imaginez la femme soudanaise, dont le bébé meurt de faim dans ses bras, et auquel le fonctionnaire du FMI intime l'ordre de faire vingt-cinq kilomètres à pied pour aller voter ? Chères bonnes consciences occidentales, qui s'émeuvent du sort des hannetons protégés et qui assènent souverainement à une maman qui défend la vie de son enfant : Vous ne mangerez que si vous votez !...* »

Et d'ajouter : « *Que des enfants meurent par millions, à l'extrême limite, on a le droit de ne pas s'en préoccuper. Mais on n'a pas le droit de dire qu'on est bouleversé quand on organise sciemment les conditions de la catastrophe !* »

Un Debré en guerre contre le néocolonialisme, voilà qui ne manque pas de piquant quand on se souvient des diatribes pro-Algérie française de son père dans le *Courrier de la colère* ! Mais n'est-ce pas en assumant tout — et Dieu sait l'admiration que Bernard conçoit pour Michel ! — qu'on devient vraiment libre ? De même, qui aurait pu imaginer ce cri du cœur de Jacques Vergès :

« *Ce qu'attend l'Afrique, c'est la main tendue de*

la France, pas ses regrets ou ses leçons magistrales de droits de l'homme. Le résultat, nous l'avons sous nos yeux : l'élite africaine qui s'est séparée de la France parlait français et ne demandait qu'à rester dans une communauté d'esprit. Celle qui est en train de lui succéder parle anglais. C'est cela que nous voulons ? Sous ses dehors généreux, la manie de la repentance n'est que l'expression d'un égoïsme souverain. L'égoïsme d'une génération qui veut se donner bonne conscience à abandonner l'héritage. On ne veut plus de la maison de campagne de papa ; alors on la vend pour s'acheter une Mercedes... »

Qu'on ne cherche pas plus loin la clé de la révolte commune animant Vergès et Debré : l'horreur du simulacre et de l'hypocrisie ! Non comme pourraient les abhorrer un moraliste ou une bonne sœur ; ils n'en ont ni l'esprit ni la défroque. Mieux, on les sent prêts à beaucoup admettre, quand la dissimulation, arme politique s'il en est, est enrôlée au service d'un grand dessein : la lutte des Capétiens contre l'Empire, les frontières naturelles sous Richelieu ou la renaissance française sous de Gaulle, née de cette seconde « journée des dupes » que fut le 13 mai 1958...

Mais comment justifier le simulacre quand il dissimule, non plus une politique, mais la mort de toute politique ?

L'affaire ivoirienne, pour eux, fut comme un

déclic. Assister impuissants à la mise à mort du modèle ivoirien, fait de tolérance mutuelle et d'ouverture sur le monde, au profit d'une réorganisation forcée à base ethnique, ni Debré ni Vergès ne pouvaient décidément s'y résoudre. Au nom d'une « certaine idée de la France » et de son rôle en Afrique, ils dénoncent l'imposture suprême : celle des partisans de Laurent Gbagbo qui en appelle, contre la France, à l'arbitrage de George Bush !

En achevant, début mars 2003, la série d'entretiens qui vont suivre, j'ai demandé à Bernard Debré et à Jacques Vergès d'actualiser leur analyse des événements de Côte d'Ivoire. Leurs réponses éclairent magistralement la logique de leur combat.

DEBRÉ. Gbagbo a raté sa présidence. Bien élu ou mal élu, peu importe, mais il a tout raté. Son pari de l'ivoirité s'est révélé un échec sanglant. Il a semé l'ethnicisme. Il a récolté le racisme, la guerre civile et l'invasion...

VERGÈS. Vous imaginez un responsable d'extrême droite expliquer un beau jour que Nicolas Sarkozy est d'une « francité douteuse » ? Son parti s'effondrerait immédiatement, car même ses électeurs, et sans doute la majorité de ses militants, n'admettraient pas un argument pareil...

DEBRÉ. Bref, Gbagbo a fait ce qu'aucun régime

n'a osé faire depuis Vichy : exclure des fonctions d'État et pénaliser dans l'exercice de leur citoyenneté des Ivoiriens qui avaient pour seul tort de ne pas appartenir à son ethnie. Là-dessus, la rébellion allait l'emporter et la France est intervenue...

VERGÈS. Avec raison puisqu'elle était appelée par un gouvernement légal, et que l'intégrité des frontières ivoiriennes était en cause...

DEBRÉ. Mais il fallait d'emblée imposer un préalable à l'envoi des troupes françaises : l'ouverture de négociations pour ramener la paix civile. Bref, imposer la conclusion des accords de Marcoussis avant l'envoi des renforts français, et non l'inverse. Et là, Gbagbo était obligé de céder : seul face à la rébellion, il n'aurait pas tenu trois semaines. C'est ainsi qu'avec l'accord de l'ONU et de l'Union africaine, la France est intervenue, non seulement pour rétablir l'ordre, mais pour présider à une transition pacifique durable. Nous avons choisi la patience... Ce qui autorise pour l'instant Gbabgo à faire ce qui lui plaît, et même à susciter des manifestations contre la présence française qui, seule, lui assure de n'être pas massacré !

VERGÈS. La Côte d'Ivoire est vraiment un miroir qui nous permet d'admirer, dans l'intimité de leur conscience, les sectateurs des droits de l'homme. Quand des élections pluralistes ont lieu au Gabon, sans effusion de sang, les défenseurs de droits de l'homme contestent leur légitimité. Omar Bongo n'a décidément pas le profil qui plaît. Mais quand des élections ont lieu en Côte d'Ivoire, quand les deux plus grands partis sont interdits de candidature, et que plusieurs centaines de personnes sont tuées par les forces de l'ordre, voire par des escadrons de la mort à la solde du pouvoir en place, les mêmes applaudissent à la difficile victoire de la démocratie et Gbagbo, membre apprécié de l'internationale socialiste, proclame sa foi dans les droits de l'homme...

Quand des opposants irakiens prennent les armes pour combattre leur gouvernement depuis l'étranger, les gouvernements occidentaux les subventionnent et les arment. Mais quand des opposants s'insurgent, en Côte d'Ivoire même, contre un gouvernement qui prône ouvertement la xénophobie, pas un de nos « droits-de-l'hommistes » ne cite le plus bel article de la Déclaration des droits de l'homme qui fonde la résistance à l'oppression !

Vous me direz que cette schizophrénie n'est pas récente, et que la Constitution des États-Unis s'est longtemps accommodée de vivre sur deux postulats irréductibles l'un à l'autre : tous les hommes naissent libres et égaux en droit, mais rien n'interdit de transformer les Africains en esclaves !

L'aveuglement atteint chez nous, en 2003, un degré extraordinaire ! Pensez qu'au moment où nous discutons, le scénario suivant se réédite chaque jour en Côte d'Ivoire : une presse aux ordres publie des listes de traîtres dans un style ordurier et raciste (la femme de l'ancien Premier ministre Ouatara est quotidiennement traitée de « juive blanche »), et dans la semaine qui suit, ceux qui n'ont pas pu s'exiler reçoivent la visite des escadrons de la mort... En face de cette démocratisation de l'arbitraire, selon le mot d'un diplomate, la Ligue internationale des droits de l'homme se tait... Et tant pis pour les cadavres, il est vrai de « nationalité douteuse », découverts dans divers charniers...

DEBRÉ. Tout cela est pitoyable et disqualifie ceux qui se rendent coupables d'une telle malhonnêteté. Mais reconnaissez qu'on ne pouvait pas contourner Gbagbo...

VERGÈS. Je ne dis pas qu'on pouvait le contourner. Je dis qu'il fallait l'avertir, d'entrée de jeu : « Si nous sommes les affreux colonialistes que vous décrivez, nous partons ! Et débrouillez-vous avec vos rebelles »... Ce qui lui laissait le temps de préparer la transition mais ne l'autorisait nullement à opprimer son peuple et à humilier la France en brandissant des portraits de Bush, ce même Bush qui, pourtant, ne risque pas la vie d'un seul GI pour maintenir Gbagbo au pouvoir...

DEBRÉ. Je ne serais pas étonné d'apprendre un jour que les manifestations proaméricaines d'Abidjan ont été suscitées avec l'accord, le soutien, et sans doute les encouragements de Washington, pour faire payer à la France, et à Jacques Chirac en particulier, sa courageuse position de non-alignement sur l'affaire d'Irak...

VERGÈS. Bref, quelles que soient les erreurs tactiques que nous avons commises en Côte d'Ivoire, la France, et c'est heureux, n'a pas réédité l'erreur de François Mitterrand au Rwanda, qui a laissé place nette aux Américains...

DEBRÉ. Je reviendrai longuement sur le Rwanda, vous vous en doutez, puisque j'ai dû, comme ministre de la Coopération, gérer les conséquences de ce formidable gâchis, si coûteux en vies humaines pour l'Afrique, et en prestige pour la France. Mais je voudrais qu'on ne se méprenne pas sur l'erreur de Mitterrand, soutenue, d'ailleurs, par une partie de la droite et, bien malgré moi, par le gouvernement dont je faisais partie : l'erreur originelle n'a pas été d'intervenir, ce fut d'intervenir pour sécuriser seulement une partie du territoire, ce qui abandonnait l'autre partie aux alliés des Anglo-Saxons et portait en germe les catastrophes dont nous reparlerons... L'erreur est que l'ONU soit partie dès les premiers coups de feu... Pour réussir en Côte d'Ivoire, il faut donc, désormais, aller au bout de notre logique. Si nous sommes intervenus, c'est pour éviter le massacre généralisé, et si nous voulons éviter le massacre généralisé, il faut obtenir le désarmement des uns et des autres, seule condition pour que les accords de Marcoussis puissent être appliqués.

Pour la Côte d'Ivoire, comme pour le reste de l'Afrique, nous aurons l'occasion de le redire, il n'y a pas d'autre solution que d'absorber dans une démocratie unitaire, et à l'intérieur de frontières qui sont ce qu'elles sont, mais qu'il serait criminel de remettre en cause toutes les populations présentes, quelle que soit leur origine...

VERGÈS. Si nous voulons aller au fond des choses, il faut bien se résoudre à admettre que le drame numéro un de la Côte d'Ivoire, c'est la dilapidation, par ses successeurs comme par ses héritiers, de l'héritage formidable de Houphouët-Boigny, dont la fin de règne, bien sûr, fut marquée par l'effondrement de l'économie ivoirienne — effondrement provoqué par les dégâts collatéraux de la mondialisation qui a sacrifié les points forts du pays, le cacao notamment, sur l'autel de la libéralisation sans bornes des marchés — mais dont la philosophie était une philosophie d'ouverture et de paix.

DEBRÉ. La logique profonde d'Houphouët, c'était d'ouvrir la Côte d'Ivoire, de traiter chaque ethnie sur un pied d'égalité, bref, de constituer un État africain moderne fondé sur l'abjuration des vieux démons tribaux... Vous avez raison de parler de l'impéritie de ses successeurs car ce n'est pas seulement Gbagbo qui a donné le signal de l'ethnicisme :

c'est Konan Bédié, qui avait pourtant la confiance d'Houphoüet, et qui, pour éloigner du pouvoir l'opposant Ouatara, trop panafricain à son goût — il avait une carte d'identité voltaïque — a allumé la mèche de la régression tribale...

VERGÈS. Je me souviens d'une conversation avec Houphoüet au début de la chute des cours du cacao. Il s'en était ouvert à Mitterrand et avait été effaré de l'orgueil plein de fatalisme dont le président français avait fait montre à ce sujet. Je le revois encore partir de son rire inimitable, et me dire : « Tu sais ce que Mitterrand m'a répondu ? Il m'a dit, le plus sérieusement du monde : "Je règle la question aussitôt rentré à Paris"... » Comme si Mitterrand allait demander à la Bourse de Londres de faire remonter le cours des matières premières ! Houphouët a compris, ce jour-là, deux choses : que Mitterrand était resté, au fond de lui-même, un ministre de la France d'Outre-mer, avec ses réflexes à la fois paternalistes et expéditifs, et qu'il avait pris son parti d'une situation qui lui échappait, situation qu'avec son opportunisme bien connu il tenterait bientôt de chevaucher en appelant l'Afrique, dans son fameux discours de la Baule, à intégrer le fait ethnique dans le développement souhaitable du multipartisme... La porte, dès lors, était ouverte à l'éclatement des nations africaines qui pouvaient sembler les mieux structurées !

Le sommet de la Baule (1990), « péché » originel de la France post-coloniale en Afrique ? En allumant la mèche de l'ethnicisme cher à Laurent Gbagbo, puis en renonçant, quelques années plus tard, à assurer la sécurité du Rwanda, François Mitterrand a pris, Vergès et Debré l'assurent, une longueur d'avance dans les malheurs de l'Afrique.

Ils n'en oublient pas pour autant d'être positifs et, derrière le procès à charge, pointent toujours l'esquisse d'une solution. Et parfois même, une solution tout court, comme la proposition de Bernard Debré, qu'assume totalement Jacques Vergès : créer un système de délégations internationales de service public permettant aux pays les plus pauvres de confier la reconstruction de leur système de santé à une organisation de solidarité internationale *ad hoc* qui n'empièterait pas sur leurs souverainetés, puisqu'il s'agirait de contrats librement négociés, temporaires et toujours réversibles.

Entre l'éternelle tentation cartiériste *(« La solidarité coûte trop cher ! Que l'Afrique se débrouille seule »)* et celle, récurrente, de l'ingérence humanitaire *(« choisissez des dirigeants qui nous conviennent et nous vous enverrons des médicaments »)*, Vergès et Debré proposent une troisième voie : celle de la solidarité contractuelle. Ainsi, pourrait se mettre en place un vaste mouvement de développement permettant au Sud d'enrayer l'immigration de misère qui saigne ses forces vives, précipitées dans le déracinement, et au Nord de trouver en Afrique de nouveaux marchés, adaptés aux besoins des Africains.

Ils préviennent : « *Ceux qui se désintéressent de l'Afrique ou prônent son développement à la mode de la Banque mondiale, ce qui revient au même, pourraient être les premiers, demain, à s'effrayer de la conséquence de leur inertie : le transfert massif, du sud vers le nord de la Méditerranée, des populations que l'impéritie du monde développé aura abandonnées à leur misère.* »

Aider l'Afrique, serait-ce donc aussi aider l'Europe à retrouver son rayonnement perdu ? Debré et Vergès le pensent si fort qu'ils résument à l'intention des héritiers du discours de la Baule : « *Si l'on veut intégrer les Africains qui souhaitent vivre et travailler en Europe, commençons par ne pas laisser se désintégrer l'Afrique !* »

Éric Branca

Pour l'amour de l'Afrique

« Tout nous séparait »

Tout aurait pu vous séparer — vos formations, vos engagements, vos tempéraments mêmes — et voici que l'Afrique vous réunit. La situation est-elle si grave que vous éprouviez le besoin d'oublier vos différences pour confronter vos expériences et proposer vos solutions ?

JACQUES VERGÈS. L'Afrique a toujours été une proie offerte. La proie des colonisateurs comme celle des puissances post-coloniales. Mais aujourd'hui, le tourbillon de la mondialisation, rythmé par les intérêts de l'Amérique triomphante et du monde anglo-saxon en général, entraîne ce continent sur une voie que j'estime foncièrement contraire à ses intérêts.

De ce point de vue, oui, la situation de l'Afrique est plus inquiétante qu'elle ne l'a jamais été.

L'*American way of life*, qui n'est souvent, pour le tiers-monde, que l'*American way of crime* — voyez le Liberia, voyez la Sierra Leone ! —, empêche le développement de l'Afrique sur des bases qui lui sont propres. La preuve ? Depuis qu'elle applique — ou tente d'appliquer, ce qui revient au même — les diktats du FMI, l'Afrique régresse au lieu de progresser...

Toutes les statistiques l'attestent : l'Afrique est aujourd'hui plus pauvre, plus endettée, plus fragile, en ayant accepté la discipline des institutions internationales, qu'elle ne l'était après vingt ans d'indépendance, soit au début des années quatre-vingt, quand ont commencé à se succéder les fameux plans d'ajustement de la Banque mondiale...

Pour être infiniment moins dramatique, la situation de la France est porteuse du même paradoxe : si la mondialisation est un fait — qui peut refuser ce constat ? —, notre intérêt n'est pas de nous soumettre au « format » qu'entendent, coûte que coûte, nous imposer les États-Unis. Accepter la globalisation de l'économie ne signifie pas qu'on doive entériner les rapports de force que le plus puissant cherche à nous imposer ! Bien au contraire : l'Afrique dont les atouts sont immenses — population nombreuse, matières premières et sous-sol largement inexploités — peut contribuer à l'émergence d'un monde réellement multipolaire. Il n'existe de paix que dans l'équilibre des forces. Les États-Unis qui ne jurent que par la « libre-concurrence » en sont, au contraire, les pires ennemis. Domestiquer l'Europe et infantiliser l'Afrique pour mieux la dominer, voilà leur but.

À l'inverse, prenez la Chine : elle démontre avec force qu'on peut tirer avantage de la mondialisation, et même y gagner au jeu, sans perdre ses racines ni *a fortiori* son âme. Pourquoi ? Parce que, globalisation des marchés ou non, instantanéité de l'information ou pas, la Chine reste la Chine et qu'aucune force au monde n'est jamais parvenue à lui faire abdiquer ce qu'elle est.

Eh bien, ma conviction, c'est que la France, parce qu'elle a toujours montré la voie de la résistance contre les Empires, et parce qu'elle a, de fait, davantage contribué à maintenir la paix que toutes les utopies globalisatrices anglo-saxonnes, alibis des dominations les plus brutales, a un rôle immense à jouer en Afrique.

J'ose dire que tout ce que je suis — moi, eurasien, né à la Réunion, immergé dans la culture française mais conscient de ce qu'a pu être l'injustice du fait colonial — me fait vibrer pour cette Afrique qui, loin de connaître le moindre ressentiment, attend la main tendue de la France.

Est-ce que Bernard Debré me démentira si je dis que son cheminement personnel l'a mené aux mêmes conclusions ?

BERNARD DEBRÉ. Quand on est médecin, donc confronté aux réalités immuables que sont la vie, la mort et la maladie, l'expérience apprend que les doctrines *a priori* doivent s'effacer devant l'impératif du diagnostic. Ou alors, il faut très vite changer de métier... C'est sans doute un privilège que le médecin partage avec l'avocat : le patient qu'on soigne est un sujet avant d'être un objet d'étude ; de même pour l'accusé, qu'il faut comprendre et non juger. Certes, il est plus facile de soigner un copain qu'un salaud, et Jacques ne me contredira pas, lui, l'ancien de la France libre, qui a défendu Klaus Barbie... Mais notre honneur à nous, c'est de nous efforcer, à chaque instant, de nous abstraire des schémas intellectuels rassurants.

Or comme il est rassurant de se dire : *« Après tout, l'Afrique a voulu son indépendance. Elle l'a ! C'est sa faute si elle crève de faim... »* Ou encore : *« Si elle veut s'en sortir, qu'elle applique les recettes qui nous réussissent si bien à nous autres, pays développés.* » Et je ne dis rien de cette bonne conscience humanitaire qui conduit le pouvoir médiatique à se focaliser sur certains drames poignants, ce qui permet du même mouvement d'oublier tous les autres...

Vous l'avez dit : tout, au départ, me séparait de Jacques Vergès, à commencer par nos traditions familiales. Il est vrai que nos deux pères n'étaient pas précisément des amis ! Eh bien, le hasard a voulu qu'en nous rencontrant en Afrique, nous nous soyons trouvés à peu près d'accord. Notre amour pour l'Afrique et pour les Africains nous a réunis plus sûrement qu'une connivence intellectuelle. Et au-delà de cette passion, une même manière, pragmatique, d'appréhender les problèmes, à mille lieues des filtres idéologiques ou pseudo-moraux qui sont la marque des temps que nous vivons...

Qui vous a présentés ?

VERGÈS. Une personnalité régulièrement diffamée par les pseudo-moralisateurs dont parle Bernard : le président du Togo, le général Eyadema. J'étais et je suis toujours son avocat. Bernard, qui était alors ministre de la Coopération, l'avait connu comme médecin, dans l'une de ses nombreuses missions d'aide aux populations.

Nous voici donc tous deux, lui à la droite d'Eyadema, moi à sa gauche, clôturant l'un de ces meetings dont les Africains ont le secret, foule bigarrée tranchant avec l'ordonnancement néo-classique du stade, vraisemblablement construit par les Chinois dans les années soixante. Vous apprécierez le symbole : lui représentant, dans ces lieux, la France d'Édouard Balladur, moi l'ami des Chinois de la grande époque... Lui le fils de l'ancien Premier ministre du général de Gaulle, adversaire historique de mon père et de mon frère à la Réunion — l'homme qui rêvait de me faire supprimer à la fin de la guerre d'Algérie ; moi, l'avocat des patriotes algériens, l'ami de Bouteflika et du Parti communiste chinois, bref, le diable pour toute une partie de la droite française, gaullistes compris.

À la fin de la cérémonie, le général Eyadema me présente à Debré : *« Vous connaissez Vergès ? »* Réponse de Debré : *« Il fallait un ami comme vous pour faire que nous nous serrions la main »*...

Et vous êtes devenus amis ?

DEBRÉ. Pas immédiatement, même si le courant est tout de suite passé entre nous. Nous nous sommes rencontrés ensuite chez plusieurs autres chefs d'États, dont un jour, je crois, à la table du président Bongo : nous avons, du coup, convenu de nous revoir en privé pour parler de ce qui semblait nous réunir avec le plus d'évidence : l'Afrique et la francophonie. Sur les responsabilités d'une certaine bonne conscience universaliste qui prétend juger tout et tout le monde suivant les critères de l'Occident, sur le néocolonialisme humanitaire qui s'ensuit — *« Faites des élections et vous aurez des médicaments »*, comme si les populations devaient être deux fois victimes des dictatures qu'elles subissent — nous nous sommes découverts totalement en phase.

Je me souviens que nous nous sommes également rejoints sur le scandale du sang contaminé, à propos duquel Jacques avait des mots très durs, s'agissant notamment de l'attitude des politiques... Et c'est à partir de là que nous nous sommes découverts plus d'une préoccupation en commun, à commencer par un même souci de préserver cette exception française dont il est à la mode de dire tant de mal — comme si l'abandon de son identité était une valeur en soi !...

VERGÈS. N'oublions pas non plus qu'avant même de nous rencontrer, nos rendez-vous manqués nous réunissaient ! Combien de fois, arrivant ou quittant une capitale africaine, je me suis entendu dire : *« Tiens ! Le professeur* (ou le ministre) *Debré était là le mois dernier. Tiens, il arrive le jour où vous partez. »* On peut dire, sans exagérer, que nous nous sommes constamment croisés, tout en œuvrant, chacun à notre façon, pour des objectifs voisins : lui pour la présence française en Afrique, objectif qu'il n'a jamais séparé du développement des Africains ; moi pour que l'Afrique cesse d'être la proie des grands prédateurs internationaux, ce qui rejoignait, dans une certaine mesure, la préoccupation d'une France que le général de Gaulle a su ériger, du fait même de la décolonisation, en pôle de résistance contre les hégémonies...

Avant d'en venir au fond des choses, remontons brièvement à vos rapports, par familles politiques interposées. Quelle image le gaulliste Bernard Debré avait-il de Jacques Vergès — Vergès l'avocat du FLN, Vergès l'ami des Chinois, — quand son père, Michel Debré, était le Premier ministre puis le ministre du général de Gaulle ?

DEBRÉ. S'agissant de mon père, deux choses sont certaines : sa surprise serait grande de nous voir dialoguer, et même nous retrouver sur plus d'une question essentielle. Mais j'ai trop connu sa passion de la France — cette passion qui l'a fait côtoyer, dans la Résistance, des militants communistes comme des hommes de droite hostiles à la collaboration — pour douter de son approbation, s'il pouvait nous entendre. Michel Debré jugeait les hommes à l'aune de leur engagement pour la France, non à celle de leur étiquette partisane.

Maintenant, les faits sont ce qu'ils sont : j'ai dix-huit ans quand mon père est élu député de la Réunion, en 1963. À chacun de mes voyages là-bas, j'entends prononcer le nom des Vergès (celui de Raymond, le père de Jacques, et celui de Paul, son frère, qui se sont succédé comme députés communistes de l'île) comme on prononcerait celui du diable ! D'ailleurs, comment en serait-il autrement ? Ils sont indépendantistes, nous sommes départementalistes ; nous sommes gaullistes, ils sont communistes ! Je me moque bien de savoir que Paul est prudent et que son frère, Jacques, prochinois, l'est moins. Je partage pleinement le combat de mon père contre tous ceux qui veulent se séparer de la France ; je la partage d'autant plus que même si j'adhère pleinement à la décolonisation qui vient de s'accomplir, la Réunion n'est ni l'Algérie, ni l'Afrique noire ! Elle est un département français, planté dans l'océan Indien, une illustration du miracle républicain, enchevêtrement d'apports culturels et de traditions transcendant harmonieusement leurs différences par une adhésion sans arrière-pensée à la Nation...

Quant à Jacques Vergès lui-même, je n'ai pas attendu de le rencontrer pour m'intéresser à son parcours, pour lire certains de ses livres, et d'autres qui lui étaient consacrés. Son engagement marxiste fut évidemment aux antipodes du mien. Mais il a le mérite du courage et de la cohérence. Et j'ai toujours admiré les hommes qui s'engagent, en ces temps de basses eaux idéologiques où la politique est devenue un métier et la réflexion un succédané de tactique électorale.

Et vous, Jacques Vergès, comment appréhendiez-vous la famille politique dont vient Bernard Debré avant de faire sa connaissance au Togo ?

VERGÈS. Pourquoi le cacher ? Michel Debré dont j'admire beaucoup la constance de serviteur de l'État et l'action de réformateur fut mon adversaire, surtout au début des années soixante. Je ne l'ai d'ailleurs jamais rencontré. Outre l'épisode que rapporte Constantin Melnick (Debré aurait demandé à certains services parallèles de m'éliminer, et je ne dois vraisemblablement la vie qu'à un ancien de la France libre qui ne se voyait pas exécuter dans l'ombre l'un de ses anciens camarades), je n'oublie pas qu'en tant que Premier ministre il a obtenu ma suspension d'un an du Conseil de l'ordre et qu'il m'a fait poursuivre pour atteinte à la sûreté de l'État. À la fin des fins, mes amis et moi avons été relaxés, mais, durant le procès, j'ai traité Debré d'assassin ! Pourquoi ? Parce que, quelques semaines plus tôt, un militant FLN que je défendais, et qui avait été gardé à vue en toute illégalité quinze jours durant, s'était suicidé avec une lame de rasoir Gillette... Ce qui demande une certaine virtuosité...

Comme vous pouvez le constater, mes rapports avec le gaullisme officiel n'ont pas été des plus « décrispés » !

« Une certaine conception de l'identité africaine »

Et cet amour pour l'Afrique, dont vous disiez tout à l'heure qu'il était inséparable de votre qualité de métis, quand vous est-il venu ? On sent bien que si la politique a joué son rôle, elle n'a fait que renforcer une dilection plus profonde...

VERGÈS. C'est certain. À la base des sentiments les plus forts, il y a souvent la simplicité. Je suis né en Thaïlande et j'ai grandi à la Réunion : aussi haut que remontent mes souvenirs, mes racines sont inséparables des pays tropicaux. C'est dire si je me suis senti chez moi en Afrique, et notamment en Afrique noire, quand je m'y suis rendu pour la première fois, dans les années cinquante.

Comme vous le savez d'autre part, la population réunionnaise compte beaucoup d'origines africaine et malgache. Combien de fois, me promenant sur les marchés réunionnais, avec des amis africains, ne les ais-je pas entendus me dire, à la vue des piments, des mangues et des noix de cocos : *« Je me croirais au Sénégal, ou en Côte d'Ivoire... »*

Même en politique, j'ai toujours défendu une certaine conception de l'identité africaine. Quand je militais chez les étudiants communistes, il y avait un grand débat : fallait-il que les étudiants issus de l'Union française intègrent ou non l'UNEF, comme le réclamaient les orthodoxes du Parti, notamment Annie Kriegel ? J'ai tout fait pour que cela ne soit pas le cas, car je récusais la perspective assimilationniste que cela induisait. Je considérais que les revendications des étudiants colonisés n'étaient pas seulement économiques et sociales, mais bien politiques, liées à la conquête des indépendances nationales au sein de ce qu'on allait bientôt appeler le tiers-monde. Les revendications des Malgaches n'étaient pas celles des Ivoiriens, pas plus que celles des Marocains ne ressemblaient à celles des Camerounais, etc.

Le résultat ne s'est pas fait attendre : j'ai été élu en 1950 au bureau de l'Union internationale des étudiants sans que le Parti français soit consulté ; et en 1952, au congrès de Bucarest, j'ai été porté au secrétariat contre une décision du comité central ! J'étais sans doute trop indépendant...

Bref, mon combat pour les identités africaines a toujours été indissociable de la lutte que je menais alors pour les indépendances. Si j'ai, comme vous le savez, étudié les langues orientales, c'est parce que j'ai toujours ressenti la mort d'un idiome comme une petite fin du monde... Ou, si vous préférez, comme une fin du monde à petit feu ! J'ai dit un jour qu'un chant de pygmée appelant la pluie me touchait infiniment plus que la vision d'un tricycle télécommandé sur la planète Mars. Je le maintiens. Et j'ajoute que si les Américains faisaient l'effort de s'intéresser aux autres, ils n'agiraient pas comme ils agissent en Afrique...

Toujours sur ce sujet, quelles ont été vos influences non directement politiques ?

VERGÈS. Aimé Césaire a beaucoup fait pour me convaincre de l'inanité d'une certaine vision rousseauiste de l'Afrique. À côté du « petit blanc » borné qui prend le « nègre » pour un sous-homme, il y a toujours eu le sentimental qui voit l'Afrique comme une sorte de paradis terrestre corrompu par les Européens, avant qui hommes et bêtes vivaient en intelligence, dans une simplicité biblique.

Cette vision a sans doute davantage contribué que le racisme ordinaire à nier l'extraordinaire vitalité des civilisations africaines anciennes. Étudiant, j'ai dévoré l'ethnologue allemand Frobenius — qui a beaucoup inspiré Senghor et les poètes de la négritude — et ses études sur les bronzes du Bénin, les fameux bronzes d'Ife, dans lesquels ils voulait voir l'héritage de la plus vieille civilisation du monde, peut-être l'Atlantide...

Je me souviens aussi de mes conversations avec Diop Cheikh Anta, qui a donné son nom à l'actuelle université de Dakar, et qui se passionnait pour les origines nubiennes de l'Égypte ancienne. Regardez les statues de l'époque amarnienne, celles d'Aménophis IV, de ses filles... Il faut être de mauvaise foi pour ne pas y déceler une parenté africaine saisissante. Je me suis aussi beaucoup intéressé à la civilisation Peule, dont tout indique qu'elle est venue du Sahara avant de glisser vers l'Ouest et de revenir vers l'Est. Et que dire de ce que nous apprennent, par exemple, les ruines de Zimbabwe où l'on a retrouvé les traces d'un commerce florissant avec la Perse, l'Inde et la Chine, au cœur de notre Moyen Âge... Soit à l'époque de Marco Polo ! Bref, je me suis toujours dressé contre la négation des civilisations africaines anciennes par l'Europe et l'Occident en général...

« On ne construit rien sur le ressentiment »

Cet amour des civilisations africaines massacrées par la mémoire occidentale ne vous a cependant pas éloigné de la France...

VERGÈS. Je vous le disais en commençant : cela m'a plutôt rapproché d'elle, car la France, comme l'Afrique, est souvent niée pour ce qu'elle est. Son côté irréductible, au sens mathématique du terme — d'une fraction qu'on ne peut réduire — rachète beaucoup des fautes qu'elle a pu commettre envers les Africains.

Ce qui fait que, même au plus fort de mon combat pour l'Algérie algérienne, j'ai toujours gardé mon admiration au de Gaulle du discours de Brazzaville...

Même dans le discours de Brazzaville, qui est absolument révolutionnaire en 1944, on sent que c'est le réalisme qui pousse de Gaulle à accepter le « droit des peuples à disposer d'eux-mêmes », une conscience prémonitoire que si la France n'anticipe pas le mouvement du monde, elle sera rattrapée par lui — ce qui sera d'ailleurs le cas, après son départ, quand la IVe République s'accrochera désespérément à l'Empire et subira l'humiliation qu'on sait. Mais jusqu'en 1962, le Général lui-même sera impitoyable avec les partisans de l'Algérie algérienne. Il les respecte mais il les combat, même quand il négocie avec leurs chefs. Comment le gaulliste Bernard Debré juge-t-il, au début des années soixante, l'action des militants anticolonialistes dont fait partie Jacques Vergès ?

DEBRÉ. À vingt ans, j'étais anticommuniste et je le reste. Mais comment reprocher à une majorité d'Algériens d'avoir choisi l'indépendance ? Comment reprocher aux Africains d'avoir pris en main leur destin — pour la plupart, d'ailleurs, sans haine ni ressentiment ? En tant que communiste réunionnais, Jacques Vergès se sentait solidaire du FLN et l'a aidé dans les prétoires, à une époque où il fallait un certain courage pour le faire. Son attitude est à coup sûr plus noble que celles des « porteurs de valise » trotskistes qui, d'une certaine façon, frappaient l'armée française dans le dos.

Pour le reste, qui est à mes yeux le principal, j'estime que la France d'aujourd'hui a besoin d'hommes comme Jacques Vergès. Animés par de vraies convictions, soucieux de la vérité avec un grand « V », indifférents à la dictature stérile des étiquettes, qui ne sont plus là que pour dissimuler le vide effrayant de la pensée politique contemporaine...

La preuve ? Si je dis ici que la France n'a pas à rougir de son œuvre outre-mer, je suis sûr que Vergès, le combattant des indépendances, ne me contredira pas... Certains colons ont pu se conduire mal. Pas la République. Sinon, pourquoi la France, ses instituteurs et ses missionnaires, quels qu'aient pu être leurs excès de zèle, serait-elle encore tellement respectée dans ses anciennes colonies ?

VERGÈS. Bernard a raison. Moi-même, si je devais résumer mon engagement, je dirais que j'ai combattu le colonialisme, mais la France jamais !

C'est un Français, et non des moindres, Montaigne, qui le premier à dénoncé l'*ubris* colonisatrice espagnole, et ce qu'elle avait de funeste pour la diversité de l'humanité ! Je pense notamment à ce passage célèbre des *Essais* où il s'interroge sur ce qui peut bien pousser les Espagnols à se vanter du massacre des Aztèques :

« À une autre fois, ils mirent brûler pour un coup, en même feu, quatre cent soixante hommes tout vifs, les quatre cents du commun peuple, les soixante des principaux seigneurs d'une province, prisonniers de guerre simplement. Nous tenons d'eux-mêmes ces narrations, car ils ne les avouent pas seulement, ils s'en vantent et les prêchent. Serait-ce pour témoignage de leur justice ? ou zèle envers la religion ? Certes, ce sont voies trop diverses et ennemies d'une si sainte fin. S'ils se fussent proposé d'étendre notre foi, ils eussent considéré que ce n'est pas en possession de terres qu'elle s'amplifie, mais en possession d'hommes, et se fussent trop contentés des meurtres que la nécessité de la guerre apporte, sans y mêler indifféremment une boucherie, comme sur des bêtes sauvages, universelles, autant que le fer et le feu y ont pu atteindre, n'en ayant conservé par leur dessein qu'autant qu'ils en ont voulu faire de misérables esclaves pour l'ouvrage et service de leurs minières... »

Cet héroïsme de la pensée — car il en fallait tout de même une certaine dose pour écrire cela au cœur du XVIe siècle, non ? — c'est en France qu'on le trouve, et pas ailleurs... Et même plus tard, aux heures les plus cruelles de la brutalité coloniale, il n'y a jamais eu de théorisation profonde de l'infériorité indigène. Paradoxalement, c'est chez Léon Blum, ce totem de l'humanisme contemporain, qu'on trouve les lignes les plus osées sur la *« mission civilisatrice »* de la France. Vous connaissez ce discours insensé de 1925 où, devant la Chambre des députés, il déclare que les « peuples supérieurs » (nous, les Blancs) ont des droits sur les « peuples inférieurs » (eux, les Noirs et les Jaunes)... Eh bien, cela, c'est suffisamment exceptionnel pour que du monde arabe à l'Afrique noire, on n'ait jamais cultivé le moindre ressentiment envers la France, une fois refermé le chapitre de la colonisation...

DEBRÉ. Un souvenir me revient. Nous sommes en 1972. Je suis invité, avec la salle de garde de l'hôpital Saint-Antoine, par le maire d'Alger, le professeur Mantouri, dans le cadre d'une action de coopération. Et à la fin d'un repas bien arrosé, ce même maire d'Alger, membre éminent du FLN, se retourne vers l'un de mes amis, algérien d'origine, mais qui avait combattu dans les rangs de l'armée française, et lui remet une décoration — certes pas très officielle, mais une médaille quand même ! — en lui disant : *« Tiens, en souvenir de la guerre d'Algérie ! »* Après un moment de stupeur, tout le monde a applaudi, et de la guerre, nous n'avons plus reparlé !

Qu'est-ce qui nous empêche, nous, Français, d'adopter la même attitude ? Je comprends l'amertume des pieds-noirs qui croyaient à l'Algérie française ; je comprends la fierté des anciens FLN qui ont pris tous les risques pour l'Algérie algérienne et qui l'ont obtenu. Mais aujourd'hui ? Est-ce bien raisonnable de construire l'avenir sur des nostalgies qui n'apportent rien et qui, au pire, n'aboutissent qu'à désarmer la France face à ses concurrents ?

On ne construit rien sur le ressentiment. L'un de mes plus beaux souvenirs africains, c'est quand Houphouët-Boigny m'a dit : *« Tu vois, la Côte d'Ivoire ne serait pas ce qu'elle serait si je n'avais pas été ministre d'État du général de Gaulle. J'ai cosigné la Constitution de 1958 rédigée par ton père. Et l'un de mes regrets est de n'avoir pas cosigné, moi qui fus avant cela ministre de la Santé, les ordonnances sur la réforme hospitalière préparée par ton grand-père, Robert Debré... »*

Quarante ans après les indépendances, vous voilà donc, tous deux, proches ou amis de plusieurs chefs d'État africains francophones, et non des moindres. Pour Bernard Debré, c'est logique : il est dans la droite ligne de la politique de coopération mise en place par de Gaulle après la décolonisation. Pour Jacques Vergès, les choses sont moins évidentes : les milieux dont il est issu, et au sein desquels il a combattu, ont toujours assimilé la coopération au « néocolonialisme ». Comment expliquer ce paradoxe ?

VERGÈS. Ce paradoxe n'est qu'apparent. Prenez Houphouët-Boigny. La première fois que je le rencontre, il me rappelle qu'il était un ami de mon père. Mon père était député communiste, lui avait été, comme député, apparenté au Parti. Et ils étaient tous les deux médecins. Sékou Touré ? Pas besoin de vous faire de dessin : il fut le plus intransigeant des leaders africains lors des referendum de 1960 sur la Communauté. Eyadema au Togo ? La première fois que j'ai mis les pieds chez lui, j'ai retrouvé, dans la personne de son ministre des Affaires étrangères, l'un de mes anciens camarades de la FEANF (Fédération des étudiants d'Afrique noire en France) : en 1959, nous avions été blessés ensemble, lors d'une tentative de coup de main sur l'ambassade de Belgique, après la mort de Lumumba. Même chose pour M'Bow, l'ancien secrétaire général de l'Unesco, que j'ai connu au Quartier latin à Paris, et avec lui toute une série de gens que l'on retrouve, par la suite, sinon chefs d'État, très souvent ministres... Je pourrais citer aussi mon ami Fadiga Abdulaye, ancien dirigeant fédéral des étudiants de Côte d'Ivoire, membre de la FEANF. Je l'avais soutenu lors de son expulsion de France : il a fini sa vie à Dakar, comme directeur de la Banque des États d'Afrique occidentale....

Vous êtes en train de nous dire que c'est en Afrique, et par l'Afrique, que s'est effectuée votre rencontre, plutôt improbable, sur le chemin de la France ?

DEBRÉ. Vous ne pouvez pas vous imaginer à quel point c'est vrai, même si, dans les années soixante, ce chemin était encore invisible. Un seul exemple : le Biafra. Si Jacques Vergès et moi nous étions connus en France du temps du général de Gaulle, il ne fait pas de doute que nous nous serions combattus. Mais si nous nous étions croisés là-bas, nous serions sans doute devenus des amis, car nous étions dans le même camp... puisque la Chine de Mao Tsé-Toung et la France du Général combattaient du même côté.

Je m'explique. Pendant que lui organise des livraisons d'armes en faveur du Biafra, en liaison avec les Chinois, savez-vous ce que je fais en tant que jeune médecin ? Exactement la même chose, sous couvert d'action humanitaire, et avec la bénédiction de Jacques Foccart !

Le volet humanitaire n'était pas une fiction, puisque nous organisions des navettes aériennes entre le Gabon et le Biafra pour ramener des enfants Ibo victimes de la famine — enfants qui, sans nous, seraient effectivement morts de faim. Cette opération, organisée par Pierre Messmer, alors ministre de la défense, et par mon père, qui était alors au Quai d'Orsay, reste une fierté pour moi : les enfants que nous avons sortis de l'enfer ont échappé au génocide qui a suivi la victoire du gouvernement central nigérien, au début des années soixante-dix. Mais ce que personne ne savait, c'est qu'à l'aller nous ne partions pas à vide : à côté des vivres et des médicaments, il y avait des armes pour les forces biafraises en lutte contre Lagos, que soutenaient, dans un bel ensemble, les Britanniques, les Américains... et aussi les Soviétiques, qui voulaient mettre la main sur le pétrole biafrais !

De même, quelques années auparavant, j'avais rempli ma première mission officieuse, au sein d'une équipe chargée d'approcher le président du Congo, Moïse Tschombé, « serré » d'un peu trop près par les conseillers techniques britanniques et américains... Là, je ne me trouvais sans doute pas dans le même camp que Jacques Vergès, qui fut proche de Patrice

Lumumba, assassiné par Mobutu avec la complicité de ce même Tschombé...

VERGÈS. Nouvelle coïncidence sur notre route : j'ai été, quelques années plus tard, le défenseur de Moïse Tschombé ! Réfugié à Barcelone après sa rupture avec Mobutu, Tschombé est contacté par un nommé Bodenand, qu'on identifiera, plus tard, comme lié à différents services, et qui lui propose de l'aider à placer son trésor de guerre à Majorque. Triste type, que ce Bodenand : en cheville avec des ferrailleurs, il avait été, après la guerre, le roi du surplus américain en France, et écoulait sa marchandise à l'armée française par l'intermédiaire du président de la commission de la Défense nationale à l'Assemblée, le socialiste Capdeville. Condamné à dix ans de réclusion criminelle à Versailles pour assassinat, puis libéré, il avait ensuite créé sa société en Suisse. Un jour, donc, il dit à Tschombé : *« D'immenses terrains sont à vendre ; j'ai le biais pour les acheter. Je viens vous prendre tel jour avec mon avion privé et nous partons les survoler pour que vous vous fassiez une idée. »* L'autre accepte, prend l'avion, et quelques heures plus tard, se retrouve à Alger, où on l'arrête et où on lui annonce qu'il va être extradé vers le Zaïre !

Partant de là, pourquoi est-ce que j'accepte sa défense ? L'un de mes amis belges, maître Jules Chomé, qui avait été l'avocat de Lumumba, m'explique : « *Les Américains ont arrangé le coup pour complaire à Mobutu, qui mange à tous les râteliers. Contre la livraison de Tschombé, les États-Unis espèrent supplanter la France auprès de Mobutu.* » Je n'ai évidemment pas hésité une seconde. Défendre, même indirectement, l'intérêt de la France, signifiait, en l'espèce, défendre celui de l'Afrique. Vous voyez qu'on peut avoir lutté pour les indépendances africaines, et défendre les liens historiques entre la France et l'Afrique...

Et pratiquement, comment avez-vous fait ?

VERGÈS. J'ai dit au président Boumediene : « *Je tiens à vous mettre en garde. L'extradition de Tschombé serait une aide directe à la CIA. Et surtout vous contrediriez le premier acte juridique du FLN, celui consécutif à l'enlèvement de Ben Bella.* » Je vous rappelle que Ben Bella avait été enlevé au Maroc par les Français, que le Maroc avait protesté, et qu'au terme de longs conciliabules au sein d'une commission mixte franco-marocaine, la France avait accepté de ne pas le juger, à la suite de quoi, l'Algérie étant devenue indépendante, on l'avait renvoyé chez lui. C'est l'application de la jurisprudence napoléonienne, dite des « hussards de Vergennes », le premier consul renvoyant à Hambourg une petite troupe d'émigrés qui s'étaient échoués à Boulogne, avec cette lettre en guise de laissez-passer : *« Il n'appartient pas à la République de garder prisonniers ceux que Dieu et le malheur ont jeté sur ses côtes. »* À cette jurisprudence s'oppose souvent le principe *Male captus, bene judicatus.* Grâce à moi, Boumediene a choisi la première, et Tschombé n'a jamais été envoyé à Mobutu...

« L'illusion humanitaire dispense les États de prendre leurs responsabilités »

Cette Afrique que vous aimez et pour la dignité de laquelle, chacun dans votre camp et à votre manière, vous n'avez cessé de combattre, est-ce qu'il arrive qu'elle vous désespère ou, à tout le moins, qu'elle vous décourage ? Vous arrive-t-il parfois de vous dire que, de crises en coups d'État, de disettes en famines, d'épidémies en catastrophes sanitaires et de massacres en génocides, le miracle africain n'est pas pour demain ?

DEBRÉ. Ce qui me désespère, c'est l'incompréhension et l'égoïsme du monde développé face à une situation qu'il ne cherche que superficiellement à saisir et encore moins à améliorer. Et ce qui me révolte, c'est l'autisme dans lequel on entretient volontairement l'opinion, à laquelle on ne parle des malheurs de l'Afrique et des pays pauvres en général que pour nous rappeler combien nous sommes heureux entre nous...

J'avoue, quitte à me faire des ennemis, que je ne garde pas un bon souvenir de l'hystérie collective qui a nous a saisis quand la France a gagné, en 1998, la coupe du monde de football...

Souvenons-nous de la foule immense qui, un certain 14 juillet, a envahi les Champs-Élysées, et de la joie authentique qui régnait alors. Unanimité non feinte, victoire, disait-on, de la France multiculturelle, « black-blanc-beur », que sais-je encore... Et puis soudain, sur tous les postes de télévision, l'horreur à l'état pur : des enfants, des femmes, des vieillards, squelettes à peine mobiles, entourés de mouches infectées... La famine au Soudan.

Insupportable ! proclament les bonnes âmes. Parce que ces enfants pourraient être les nôtres ? Ou, plus prosaïquement, parce que leur image vient brusquement gâcher la fête ? Sans doute un peu les deux, et c'est là que réside le côté pitoyable de notre attitude.

Bien sûr, nos cœurs se serrent, nos esprits se révoltent, l'inaction nous semble trahison... Mais l'indignation est de courte durée. Car, nous autres, peuples « développés », nous avons la solution à tout ! Une solution, vraiment ? Non, tout juste un mode d'emploi pour recouvrer la sérénité. Notre sérénité...

Ne suffit-il pas d'un petit chèque, 10, 20 euros, pour retrouver bonne conscience et renvoyer dans leurs ténèbres ceux qui, un moment plus tôt, nous faisaient baisser les yeux ? Nous sommes ici au cœur de ce que j'ai appelé l'illusion humanitaire, ce phénomène sur lequel nous reviendrons longuement mais qui me semble tellement caractéristique de notre attitude à l'égard de l'Afrique et du tiers-monde dans son ensemble.

Allez ! Versons 10 euros à une organisation caritative, et voici cent repas assurés ! 50 euros et voilà un enfant du Mali nourri pendant six mois. Après nous être délestés de cette somme, nous pourrons, en toute tranquillité d'esprit, redescendre dans la rue pour brailler toute la nuit *« On a gagné ! »*

Cette illusion est d'autant plus grande que nous avons aussi fabriqué nos héros, ceux qui, à notre place, vont transporter le riz ou le mil. Oui, l'homme est ainsi fait que pour son équilibre, il lui faut des victimes pour s'émouvoir et des héros pour vibrer. L'humanitaire est ainsi devenu le héros des temps modernes. Celui qui va faire la guerre à la guerre, qui va sauver d'une mort certaine le petit garçon ou la petite fille à laquelle, nous en sommes sûrs, les 10 euros vont bientôt parvenir...

Eh bien, que voulez-vous, quelles que soient les qualités de courage et d'abnégation des « humanitaires » en question — et Dieu sait si, à côté d'une poignée de faiseurs et d'escrocs, les bonnes volontés sont nombreuses ! — je pense qu'il faut rompre avec cette bonne conscience achetée à si bas prix. Même si individuellement nous donnions dix fois plus, cent fois plus, l'Afrique ne serait pas sauvée...

VERGÈS. C'est évident ! Le drame de l'illusion humanitaire dont vous parlez, c'est qu'elle dispense les États de prendre leurs responsabilités. Qu'elle exonère les hommes politiques d'exercer leur fonction première, celle pour laquelle ils sont élus : changer le monde ou, à tout le moins, tenter de le faire en imprimant leur marque aux événements. Je comprends que cela puisse sembler surhumain à certains, mais alors, qui les force à faire de la politique ?

DEBRÉ. Le plus étonnant dans cette démission des politiques, c'est qu'ils n'ont pas même l'excuse de l'ignorance. Ils voient se coaguler, s'articuler, se mettre en place, en direct, les éléments d'un drame planétaire d'une ampleur inégalée, et ils ne font rien.

Ici, des dizaines de milliers de femmes conçoivent leurs enfants grâce à la procréation médicalement assistée. Les prématurés de six mois et demi survivent à la faveur de réanimations sophistiquées.

Tandis que, là bas, un enfant sur deux meurt en bas âge de la rougeole ou de famine.

Dès que l'on sort de nos hôpitaux, et que l'on pénètre dans des hôpitaux africains, on pénètre dans des mouroirs où l'on voit se développer des maladies expurgées depuis longtemps de l'hémisphère nord. Et ne parlez pas en Afrique de traiter le cancer ni même l'appendicite : il n'y a ni médicaments, ni assez d'hôpitaux. D'ailleurs quand ils existent, le manque de moyens paralyse leur fonctionnement. Et je ne parle même pas du sida ! Certes, nous ne sommes parvenus, en Europe, qu'à contenir l'épidémie. Mais que de progrès ! Les dépistages volontaires sont de plus en plus nombreux, le sang n'est plus contaminé. Les traitements les plus sophistiqués sont appliqués : antirétroviraux, antiprotéases. Ce fut d'abord l'AZT, puis la bi ou trithérapie. Maintenant, la quadrithérapie, qui laisse espérer non pas une guérison complète mais au moins une stabilisation du virus. Le nombre de morts du sida a, de fait, chuté de façon spectaculaire en Occident. Quant à la recherche du vaccin préventif, elle accomplira probablement aussi de grands progrès dans les années à venir.

Du coup, les médias s'intéressent de moins en moins à cette maladie, tout se passe comme si elle appartenait au passé. Quelle folie ! Car ces nouveaux médicaments dont nous profitons, ils ne sont pas à la portée financière des Africains qui meurent par millions. Savez-vous que 99 % de l'argent dépensé pour lutter contre le sida l'est au profit exclusif de l'Occident où ne résident que 5 % de la population concernée ? Cela signifie, en d'autres termes, que les 95 % de malades restant, parmi lesquels une majorité d'Africains, doivent se partager le 1 % que nous leur laissons !

Pourra-t-on longtemps encore tolérer de telles disparités ? Pourra-t-on longtemps ignorer la mort des autres, simplement parce qu'ils habitent un pays pauvre ? La révolution médicale que nous vivons doit englober une autre révolution, celle de la solidarité.

Ce fossé qui se creuse sous nos yeux entre l'Afrique et nous, ce contraste saisissant entre ce qui s'apparente de plus en plus à deux planètes, un enfant de dix ans peut en mesurer, non seulement l'injustice foncière mais, au-delà, ce qu'il contient de menaces pour notre bien-être, et pour notre prospérité ! Je veux dire que l'égoïsme à courte vue qui est le nôtre, cette indifférence envers l'Afrique, ne peut que nous revenir en pleine figure. Et ce jour-là, il sera trop tard. Parce que c'est l'humanité tout entière qui sombrera dans le chaos...

Les fourriers de l'apocalypse

« Nous sommes ici au cœur du cercle vicieux de la pauvreté »

Depuis la décolonisation, l'Afrique est, pour beaucoup d'Européens, synonyme de pauvreté absolue, de violence et de mort, de gâchis et de corruption. Pire : l'exceptionnelle richesse du sous-sol africain, loin d'être un atout, exerce un rôle d'aimant pour les prédateurs internationaux. En un mot comme en cent, l'Afrique serait-elle maudite ?

DEBRÉ. Le constat est sans appel : l'Afrique est au bord de l'apocalypse. Et l'Afrique noire en particulier. Les chiffres ne reflètent qu'imparfaitement les réalités humaines, mais je ne peux m'empêcher d'en citer quelques-uns pour donner la mesure de la catastrophe présente et surtout à venir.

Tout le monde sait que l'espérance de vie en Afrique est la plus faible du monde. Mais sait-on qu'en Afrique subsaharienne elle régresse depuis dix ans, contrairement en cela à toutes les régions du monde ? Depuis 1990, elle a baissé de trois ans pour passer de cinquante à quarante-sept ans — et je ne parle pas des cas extrêmes comme la Sierra Leone, où l'espérance de vie ne dépasse pas vingt-six ans. Vingt-six ans d'espérance de vie en Sierra Leone contre soixante-dix huit en France !

Avec 160 morts pour 1 000 naissances, la mortalité infantile est vingt-cinq fois plus élevée en Afrique que dans la plupart des pays du Nord : 3 millions d'enfants y meurent chaque année d'infections respiratoires aiguës, de malaria, de diarrhées, de rougeole et du tétanos néonatal, tout cela sur fond de malnutrition, phénomène qui, là encore, régresse partout sauf en Afrique. Sur un million d'enfants qui meurent chaque année de la malaria, 90 % sont des petits Africains. Et ainsi de suite pour la plupart des pathologies.

J'ai déjà si souvent parlé du sida que j'hésite à me répéter, mais il faut bien nous représenter que, si nous ne faisons rien pour aider l'Afrique, ce continent va quasiment disparaître, et les survivants déferler chez nous, ce qui n'est souhaitable, ni pour eux ni pour nous, puisque, faute d'avoir su les aider chez eux, comment ferions-nous pour les aider ici ? 15 millions d'Africains sont déjà morts de la maladie, et 30 millions d'autres vivent avec, sans compter ceux, plus nombreux encore, qui ne se savent pas infectés ! En moyenne, 4 millions de personnes nouvelles sont touchées chaque année et 80 % des décès imputables au sida dans le monde se situent aujourd'hui au sud de la Méditerranée. Pire, en Afrique subsaharienne, plus de la moitié des personnes atteintes du virus sont des femmes et 70 % des femmes porteuses du VIH sont âgées de quinze à vingt-cinq ans... Selon les dernières statistiques de l'UNICEF, 860 000 enfants ont été privés de leurs enseignants, morts du sida, en 2001. Une conséquence d'autant plus dramatique de l'épidémie que c'est par le biais de l'éducation que doivent passer les messages d'information et de prévention...

Des entreprises qui ferment par milliers, faute de clients assez valides ou assez riches pour leur acheter leur production ; des cultures abandonnées faute de bras pour travailler : selon l'ONU, et du fait de la seule pandémie de sida, le produit intérieur brut par habitant, qui est déjà le plus bas du monde, pourrait chuter de 10 % et la consommation de l'ordre de 15 % d'ici à 2010 !

Déjà désorganisée par la surpopulation, les guerres et les famines, l'économie africaine devrait donc, elle aussi, être touchée de plein fouet par cette catastrophe sanitaire. Nous sommes ici au cœur du cercle vicieux de la pauvreté, cause et conséquence de la faiblesse des revenus, qui conduit à la faiblesse de la consommation qui, à son tour, se traduit par la faiblesse des capacités productives...

Or, en moyenne, 45 à 50 % des habitants d'Afrique subsaharienne vivent au-dessous du seuil de pauvreté, qu'on fixe, certes arbitrairement, mais il faut bien le fixer quelque part, à moins de 1 euro par personne et par jour. Au moins 50 % des pauvres de la planète vivent dans cinq pays d'Afrique de l'Est et au Nigeria...

Dois-je continuer ? Si j'ajoute à cela que sur les 53 pays que compte l'Afrique, près de 25 sont en proie à la guerre, nous ne pouvons pas éviter de nous poser certaines questions. Et d'abord celle-ci : nous autres, anciens colonisateurs, y sommes-nous pour quelque chose ? Quitte à simplifier, je répondrai oui, sans hésiter. Mais pour ajouter aussitôt : pas pour les raisons que certains trouvent avantage à l'imaginer.

On connaît la vulgate tiers-mondiste : tous les maux de l'Afrique remontent à la colonisation. Avant les Européens, l'Afrique était une sorte d'Éden...

VERGÈS... Avec tout ce qu'une telle notion comporte de méprisant pour le « bon sauvage » !

DEBRÉ... Et ce paradis a pris fin avec l'arrivée des Européens, qui ont organisé le pillage systématique du continent, directement jusqu'aux indépendances, puis indirectement après, *via* les mécanismes plus subtils de la néo-colonisation, qui a installé la corruption en Afrique. Ne nous attardons pas sur de tels clichés. Ils n'ont qu'un avantage : rassurer les esprits simples. Tel n'est pas notre but. L'Afrique et les Africains valent mieux que de telles incantations. Ils sont comme nous sommes : ni plus ni moins corrompus que nous, ni plus ni moins victimes que nous l'avons été nous-mêmes, du temps de la Peste noire et des guerres de Religion. Mais engagés dans des rapports de force compliqués, ça oui !

« Oui, l'Afrique a encore besoin de la France »

Or s'il est un rapport de force qui a pesé sur l'Afrique, et auquel nous ne sommes pas sûrement pas étrangers, c'est celui qui a prévalu, juste après la décolonisation, et qui a fait d'elle le champ clos de la rivalité Est-Ouest...

VERGÈS. Le plus bel exemple reste la guerre d'Angola, avec, d'un côté, l'Unita de Jonas Savimbi, soutenu par les Américains — qui l'ont, soit dit en passant, honteusement lâché après la chute du bloc de l'Est — et de l'autre, l'actuel président Dos Santos, qu'aidaient alors les Soviétiques...

DEBRÉ. Cet enrôlement de l'Afrique dans la guerre froide, très satisfaisant intellectuellement pour les Occidentaux, qui aiment les situations binaires, s'est révélé catastrophique quand le conflit Est-Ouest a pris fin. Car, brusquement, deux réalités se sont imposées. La première, c'est que, loin d'avoir été effacés, les conflits régionaux interafricains sont repartis d'autant plus violemment que la démographie avait explosé pendant la parenthèse coloniale. L'autre réalité, c'est qu'une fois l'Afrique sortie du champ stratégique défini par les Occidentaux, celle-ci n'a plus intéressé l'opinion.

Affranchi des tutelles qui s'étaient imposées successivement à elle — tutelle coloniale, puis tutelle de la double hégémonie Est-Ouest — le continent africain a commencé sa longue marche vers le développement et la démocratie — une forme de démocratie qui n'est pas nécessairement celle que nous enseignons dans nos universités — dans l'indifférence générale. Ou pire, dans une atmosphère de condescendance apitoyée : *« Voyez ces Africains qui ne savent résoudre leurs différends que dans le massacre et la famine ! »...*

Vous êtes en train de nous dire, vous, gaulliste, qui défendez volontiers le fameux « droit des peuples à disposer d'eux-mêmes », que nous avons quitté l'Afrique trop vite ? Bref, que l'Afrique a encore besoin de nos lumières ?

DEBRÉ. De nos « lumières », sûrement pas... Mais de la vision décomplexée d'un destin partagé, je le maintiens !

Jacques Vergès, l'ancien avocat du FLN, va bondir !

VERGÈS. Quitte à vous décevoir, j'abonde dans le sens de Bernard Debré ! J'ai assez combattu le colonialisme français, en un temps où la gauche de gouvernement l'assumait (quand elle n'organisait pas la torture) pour avoir conquis le droit d'être à l'aise avec cette question. Et ce droit me fait dire ceci, que ne contredirait aucun de mes amis africains, qui ont pris tous les risques pour s'affranchir de la tutelle occidentale : l'Afrique a encore besoin de la France. Surtout si elle entend assumer son indépendance !

Je m'explique. Les pires ennemis français de l'Afrique, ce sont ceux qui, aujourd'hui, se drapent dans la mauvaise conscience post-colonialiste. Ceux qui nous expliquent que la France serait trop « coupable » pour prétendre encore se mêler des problèmes africains. Résultat : nos amis nous appellent à l'aide et nous leur répondons, en parfaits jésuites : *« Nous vous respectons trop pour vous aider. »*

Quand je dis « nos amis », ce n'est pas une formule : contrairement aux tiers-mondistes de salon qui aiment l'Afrique au point de se résoudre à la voir disparaître, la plupart des dirigeants africains aiment la France pour ce qu'elle est : une grande puissance qui — c'est un fait — a partagé leur histoire récente, et qu'ils ne se résolvent pas, eux, à voir prendre le large.

Vous savez ce que les dirigeants africains ont le plus en horreur, et surtout ce qu'ils ne comprennent pas ? Ce qu'ils ne comprennent pas, ce qui les consterne, c'est la propension de la France à l'auto-flagellation ! Ce prurit de la « repentance » qui travaille une certaine France officielle, qui la pousse à ne choisir dans le passé que ce qui divise les Français...

De ce point de vue, les socialistes ont un point commun avec Vichy. Les uns voulaient expier la

Révolution française. Les autres veulent expier la colonisation. Belle façon de construire l'avenir !

Ce qui importe aux dirigeants africains d'aujourd'hui, ce n'est pas de proroger les luttes du passé. C'est de l'assumer. Ce passé existe, comme existent la vie, la maladie et la mort. Nous n'avons d'autre choix que de « faire avec ». Et quand je rencontre des Africains au sens large (Algériens ou citoyens d'Afrique noire) qui ont combattu la France, jamais — je dis bien jamais — ils n'évoquent ce passé comme devant structurer leur rapport au présent. C'est leur passé, ils en sont fiers, mais ce n'est pas notre avenir.

Sauf en ce qui concerne Mugabe, qui fait carrément la chasse aux Blancs...

Parce que nous sommes là dans le cadre d'une colonie de peuplement. Contrairement à ce qui s'est passé dans le cadre de l'ex-Empire français, les Anglais ne sont pas seulement venus en Rhodésie pour exploiter des richesses délaissées par les autochtones ; ils ont voulu créer une nation blanche sur des terres qui ne leur appartenaient pas. Les Français du Sénégal n'ont jamais prétendu créer, *ex nihilo*, un État indépendant. Ils faisaient simplement comme si le

Sénégal était un prolongement de la France. En Rhodésie, les Noirs ont été confrontés, comme les Indiens d'Amérique, à la volonté des Blancs de les remplacer. C'est très différent... D'où, en Rhodésie, devenue Zimbabwe, un sentiment de revanche contre la spoliation. Revanche qui provoque la persécution injuste de fermiers blancs qui, individuellement, ont pu contribuer à la richesse du pays, mais qui s'explique parfaitement historiquement.

Bref, à part, peut-être, les excès de Mugabe qui, je le répète, sont une exception, les seuls à avoir arrêté leur montre en 1960, ce sont les Occidentaux : ceux qui regrettent le « temps béni des colonies » comme ceux qui continuent à stigmatiser ce qui a cessé d'être. Les uns et les autres se battent pour ou contre des fantômes. Ce phénomène, presque pathologique, on ne le trouve que chez nous. Pas dans le tiers-monde.

Promenez-vous en Inde, pays qui a montré, plus que tout autre, sa détermination à ne rien devoir à l'occupant anglais. L'Angleterre fait intégralement partie de l'histoire indienne ! À Madras, l'un des meilleurs hôtels s'appelle le Connemara ; à Dehli, il y a le *Connaught Circus*, et pas loin, l'avenue Aurangzeb. Personne, là bas, ne prétendrait que le passé, c'est l'Inde sans les Moghols, pas plus que l'Inde sans les Anglais. N'importe quel Indien vous dira : nous avons combattu les Moghols, nous avons combattu les Anglais. Mais tous, à leur manière, font partie de notre histoire... Qui oserait prétendre que la France, ce sont les Gaulois sans les Romains ?

DEBRÉ. Vous ne croyez pas si bien dire. Quand Félix Houphouët-Boigny me reçoit pour la première fois, en 1964, qui me présente-t-il ? Son principal conseiller, le gouverneur Néré. Je sursaute. *« Gouverneur ? »* Il insiste : *« Oui, me dit-il, le gouverneur Néré. »* Et il m'explique que c'est un ancien gouverneur colonial, qu'il est français, et qu'il a le droit de porter son titre. Il sera jusqu'au bout son plus proche conseiller...

Histoire inverse. Nous sommes en 1995, je suis ministre de la Coopération et je visite le centre culturel français de Dakar. Et que me présente-t-on ? Une exposition de « peinture sénégalaise déstructurée »... Je dois dire que je suis rentré en France complètement fou de rage : déstructurée ou non, sénégalaise ou non, cette peinture n'a pas à être présentée par la France aux Sénégalais. Ils sont assez grands pour la découvrir eux-mêmes. Le rôle d'un centre culturel français, c'est de présenter des œuvres françaises à l'étranger. Pourquoi ne le fait-on pas ? De peur de passer pour des néocolonialistes ! Mais le néocolonialisme, c'est justement cela : expliquer aux Sénégalais ce qu'ils doivent aimer, chez eux... De grâce, assez d'hypocrisie ! Au nom de je ne sais quelles responsabilités passées, cessons de nous comporter comme si nous avions honte d'être français ! L'Afrique n'attend pas cela de nous.

VERGÈS. Pour ma part, je ne connais pas un dirigeant africain qui revendique le statut de martyr. Pas un. Alors pourquoi revendiquerions-nous celui du bourreau ? Je le répète : j'ai assez dit ce que j'avais à dire sur ce point pendant la guerre d'Algérie, à une époque où d'autres se taisaient, pour m'estimer en droit de parler d'autre chose. Qui est le premier dirigeant du tiers-monde à avoir dit haut et fort : *« Il est temps de tourner la page »* ? C'est le ministre des Affaires étrangères du Vietnam s'adressant aux Américains, qui ont pourtant plus de choses à se reprocher que nous en Indochine. Et nous lui dirions : *« Mais non, mais non, ne la tournons pas, cette page, nous avons tant de choses à nous faire pardonner... »* ?

Ce pseudo-universalisme larmoyant, tout le monde s'en fout. Ce qu'attend l'Afrique, c'est la main tendue de la France, pas ses regrets ou ses leçons magistrales de droits de l'homme. Le résultat, nous l'avons sous nos yeux : l'élite africaine qui s'est séparée de la France parlait français et ne demandait qu'à rester dans une communauté d'esprit. Celle qui est en train de lui succéder parle anglais. C'est cela que nous voulons ? Sous ses dehors généreux, la manie de la repentance n'est que l'expression d'un égoïsme souverain. L'égoïsme d'une génération qui veut se donner bonne conscience à abandonner l'héritage. On ne veut plus de la maison de campagne de papa ; alors on la vend pour s'acheter une Mercedes...

Et là, deux attitudes apparemment contradictoires se rejoignent : l'attitude mercantile à courte vue de certains libéraux *(« Que produisez-vous ? Rien ? Alors vous ne nous intéressez pas ! »*) et celles des trotskistes, qui tiennent les idées mêmes d'héritage et de continuité pour des non-sens. L'Afrique ne se *« démocratise »* pas assez vite à leurs yeux ? Alors il faut l'abandonner... Loin de moi l'idée de faire des chefs d'État africains des parangons de vertus démocratiques. J'en connais beaucoup, et je les apprécie. Au sens propre : avec leurs qualités et leurs défauts. Mais qui sommes-nous pour les juger ? Ceux qui le font ignorent ou feignent d'ignorer d'où viennent ces pays et quelles sont leurs difficultés, à commencer par la principale : nourrir tout leur monde. Ils gèrent avec les moyens du bord et, pour beaucoup, du mieux qu'ils peuvent... Et au lieu d'essayer de comprendre leurs besoins et leurs logiques, nous les traitons avec la morgue et l'arrogance d'un Jean-Pierre Cot proclamant, alors qu'il était ministre de la Coopération : *« Je ne me déplace en Afrique qu'avec le dernier rapport d'Amnesty dans ma poche ! »* Mais qui est-il pour juger les Africains ? Est-ce qu'ils nous jugent, eux ? À tout prendre, ce genre d'attitude est pire que celle d'un gouverneur colonial qui, au moins, n'avait pas cette hypocrisie : il était là pour administrer, pas pour dispenser la morale.

DEBRÉ. Nous nous comportons parfois comme des amnésiques. Nous feignons d'oublier que nous-mêmes avons connu, il n'y a pas si longtemps, le même type de conflits et de déchirements que l'Afrique d'aujourd'hui. On croirait, à entendre certains, que la naissance des États européens, royaumes ou républiques, empires ou conglomérats de nations, s'est faite dans l'harmonie générale et le bonheur universel ! Nous qui nous sommes copieusement entretués depuis deux mille ans — en gros, depuis la fin de la paix romaine — nous voudrions que les Africains accèdent en quelques années aux rapports à peu près équilibrés qui prévalent en Europe. Et quand je dis « équilibrés », j'oublie de parler de « détails » comme l'ex-Yougoslavie, avec son lot d'épurations ethniques, témoignant, c'est bien connu, d'une forme « supérieure » de civilisation...

Bref, non seulement nous nous permettons de donner des leçons aux Africains, mais encore nous ajoutons à leurs difficultés en nous désintéressant complètement de leur sort, en les laissant se débrouiller avec des structures territoriales conçues par nous et sur des bases économiques modelées selon nos besoins. Je pense en particulier au marché des matières premières, qui ne correspond en rien à l'impératif numéro un de l'Afrique : l'autosuffisance alimentaire. Tout cela dans la situation de trop-plein démographique et de catastrophe sanitaire que nous avons décrite. Quelle communauté humaine résisterait à cela ?

Voyez la Côte d'Ivoire qui, longtemps, fut autosuffisante. On l'a convaincue de se lancer dans la monoculture du cacao parce que les cours étaient hauts. Et un jour, les mêmes qui ont imposé le choix du cacao ont décidé que d'autres pays le produiraient moins cher, en Amérique centrale ou dans le Sud-Est asiatique, par exemple, et on a laissé tomber la Côte d'Ivoire. Et quand le pays a été ruiné, on lui a dit : *« C'est votre faute, et en plus, vous vous endettez pour construire une basilique à Yamassoukro ! »*

VERGÈS. On a même décidé qu'on pourrait se passer de cacao, et on a imposé le beurre de karité, et le marché s'est effondré.... Pas seulement en Côte d'Ivoire, mais au Cameroun, et partout où l'on avait tout misé et tout investi sur le cacao.

DEBRÉ. Quant à la fameuse basilique de Yamassoukro, le procès est tout de même pitoyable. Qu'aurait-on dit si, au lieu de construire une église, Houphouët avait acheté des avions ou des chars de combat ? A-t-on critiqué Mitterrand quand il a construit l'arche de la Défense, la grande bibliothèque, que sais-je encore, à une époque où le chômage grimpait en flèche ? Allons donc !

L'égoïsme dont parlait Jacques n'est pas seulement révoltant : il est profondément stupide. Car les mêmes qui se désintéressent de l'Afrique dans un réflexe néo-cartiériste *(« La Corrèze avant le Zambèze »)* seront les premiers, demain, à s'effrayer de la conséquence de leurs actes : le transfert massif, du sud vers le nord de la Méditerranée, des populations que l'impéritie des Occidentaux aura abandonnées à leur misère. De ce point de vue, l'apocalypse de l'Afrique pourrait bien être l'apocalypse de l'Europe. Ceux qui refusent à juste titre la xénophobie et prônent l'intégration devraient être les premiers à se mobiliser pour le développement. Car sans développement, l'Europe subira de plein fouet une immigration de misère porteuse de tous les excès et de tous les racismes. Bref, aider l'Afrique, c'est aider l'Europe. Et si l'on veut intégrer les Africains qui souhaitent vivre et travailler en Europe, commençons par ne pas désintégrer l'Afrique !

Vous savez bien que l'un des principaux reproches faits à l'aide au développement, c'est son apparente inutilité pour les Africains. Je ne citerai qu'un chiffre : s'il est vrai que, depuis le début des années quatre-vingt-dix, la part de l'aide au développement affectée à l'Afrique ne cesse de régresser, il est vrai aussi que le continent africain reste un exportateur net de capitaux. Selon les chiffres officiels cités à l'occasion du dernier sommet de la terre à Johannesburg, il apparaît que, pour chaque dollar d'aide versé sous forme d'aide ou d'investissement, il en ressort la même année 1,06 en direction des pays développés...

DEBRÉ. Si vous sous-entendez que l'Occident marche sur la tête dans sa manière de concevoir les rapports Nord-Sud, je ne vous contredirai pas. Et c'est bien ce que Jacques Vergès et moi voudrions faire comprendre à beaucoup de ceux qui nous gouvernent. Entre le néocolonialisme qui impose à l'Afrique nos propres modes de développement — la monoculture reliée directement au marché mondial, laquelle tue les cultures vivrières, seuls remparts contre la famine — et l'humanitarisme larmoyant qui affame les populations à coups d'embargos contre les dictateurs (comme si on avait déjà vu un dictateur mourir de faim !), il y a une troisième voie, que nous entendons défricher !

VERGÈS. Pour parler comme de Gaulle, la politique consiste, d'abord, à partir des réalités. Et l'on ne réglera pas la question du chaos africain sans une claire conscience de ces réalités.

Or, qu'on le veuille ou non, la réalité africaine numéro un, c'est l'héritage de la colonisation. On peut toujours rêver d'un retour au *statu quo ante*, comme les réformateurs chrétiens du XVIe rêvaient de revenir à la « primitive église » : tout cela n'est que foutaise, confrontés que nous sommes à un continent de 650 millions d'hommes, et non plus de 50 millions, comme c'était le cas avant l'arrivée des Européens.

Oui, la colonisation a été cruelle. Oui, l'âme africaine a été piétinée. Oui, l'Occident s'est imposé par le pillage et la violence. Mais quand on a dit cela, on n'a rien dit. La mauvaise conscience, je le répète, est la pire des conseillères, surtout face à des peuples et à des dirigeants qui, dans leur majorité, et quels que soient leurs défauts, ignorent le ressentiment.

La colonisation étant un fait historique, force est de constater que, dans leur sagesse, les pouvoirs africains nés de l'indépendance n'ont pas remis en cause les grands découpages hérités de cette colonisation. Je suis d'accord avec Bernard : ces découpages qui faisaient souvent fi des structures ethniques traditionnelles correspondaient à l'intérêt du monde blanc. J'irai cependant moins loin que lui : tout n'était pas artificiel dans les frontières coloniales, dont certaines reprenaient l'épure d'anciens empires disparus, comme celui du Mali ou des royaumes bambaras. Bref, l'Afrique nombreuse d'aujourd'hui est fille de ces frontières parfois arbitraires, mais qui, de fait, ne le sont plus aujourd'hui. Elles ont la légitimité de ce qui existe. Et c'est à partir de là qu'il faut raisonner, sauf à vouloir ajouter la guerre à la guerre et la désolation au pillage des siècles passés.

Or qui sont les premiers à avoir entrepris de remettre en cause ces découpages, — découpages acceptés, je le répète, par tous les nationalistes africains parce qu'ils avaient besoin de structures centralisées et préexistantes pour asseoir leurs indépendances ? Les socialistes français de la IVe République. Non pour tirer un trait sur le passé colonial, mais, au contraire, pour balkaniser les entités nationales en cours de formation et retarder d'autant leur émergence ! C'est toute la logique mise en place par le socialiste Gaston Defferre avec la complicité du démocrate-chrétien Pierre-Henri Teitgen à partir de 1956 : territorialiser les institutions de l'AEF[1] et de l'AOF[2] pour tenter d'en finir avec l'héritage français que les indépendantistes africains respectaient le plus : le développement autocentré.

Ce n'est donc pas la décolonisation qui a fait prendre à l'Afrique le retard que l'on sait : c'est la manière dont les Defferre, Mitterrand et consorts, l'ont préparée. Ils se sont conduits comme des squatters qui, avant de rendre l'appartement qu'ils occupent illégalement, court-circuitent les fils électriques pour que tout saute quand le propriétaire légitime allume le courant ! Oui, la France n'était pas chez elle en

1. Afrique équatoriale française.
2. Afrique occidentale française.

Afrique, et j'ai été de ceux qui ont tout fait pour que les Africains redeviennent maîtres chez eux. Mais prétendre que la France n'a rien apporté est un contresens que se gardent bien de commettre les Africains eux-mêmes. En AOF et en AEF, elle avait, notamment, apporté quelque chose que nos belles âmes socialistes ont brisé : l'intégration économique et politique régionale. Grâce aux ensembles administratifs qui s'étaient constitués, grâce au développement de monocultures complémentaires et diversifiées, grâce à la libre circulation des personnes sans distinction d'origine, les conditions de l'autonomie politique et de l'autosuffisance alimentaire se constituaient rapidement. Au contraire, en cassant cette dynamique de solidarité régionale au profit d'une tentative de retour aux cadres ethniques traditionnels, les socialistes français ont instillé dans les futures indépendances le poison du chaos actuel. En voulant diviser pour régner, ils n'ont réussi qu'à diviser...

Vous ne schématisez pas un peu ?

VERGÈS. Je schématise si peu que les faits démontrent l'extraordinaire continuité de la duplicité socialiste : le refus des souverainetés africaines camouflé en amour immodéré pour l'authenticité dans ce qu'elle a de plus satisfaisant pour les Européens. Que fait Defferre en 1956 ? Il impose une régression politique qui va pourrir les indépendances ultérieures, *via* la résurgence des déterminismes ethniques et tribaux. Et que fait François Mitterrand trente ans plus tard ? Sous prétexte, là encore, d'humanisme désintéressé, il déstabilise les États centralisés qui, tant bien que mal, avaient survécu au séisme, en proposant, dans son fameux discours de la Baule, de généraliser, sans préalable — et surtout sans se soucier de ce qu'en pensent les Africains — le système démocratique occidental. Là encore, qu'on me comprenne bien : je ne défends pas *a priori* les pouvoirs forts et les excès dont ils se rendent parfois coupables en Afrique comme ailleurs, mais je les défends à l'aune des besoins du moment, de même que si l'on ne peut défendre, en soi, les méthodes du Comité de salut public, on peut lui reconnaître d'avoir défendu la patrie en danger dans les conditions historiques qui prévalaient alors. Il n'en reste pas moins qu'à la Baule, Mitterrand, sous prétexte de démocratie, a allumé — ou rallumé, si l'on préfère — la mèche de l'ethnicisme, que seul peut conjurer un pouvoir centralisé.

Je n'oublierai jamais cet article lu, en 1989, dans la *Nouvelle revue socialiste* (soit un an avant le sommet franco-africain de la Baule), où un docte personnage expliquait que la démocratie en Afrique se ferait par le tribalisme, assimilé à une *« solidarité postmoderne »* !

C'est tout de même le degré suprême de la perversion intellectuelle ! Quand on ne dit pas aux Africains : *« Faites comme nous ! »* on leur dit : *« Nous allons vous expliquer quel est votre intérêt bien compris. Et votre intérêt, c'est ni plus ni moins de revenir à la situation que vous connaissiez avant la colonisation ! »* Pour paraphraser Lénine, l'anticolonialisme à ce point, c'est le stade suprême du colonialisme ! C'est faire table rase de l'expérience acquise, et de l'intérêt des peuples ; c'est imposer un modèle reconstruit de toutes pièces, comme si le passé n'existait pas !

Or, vers quoi tend l'effort des nations africaines actuelles ? Il tend, conformément à ce que firent les États modernes, à la fin de la monarchie et tout au long du XIXe siècle, à créer des pouvoirs forts pour conjurer les forces centrifuges qui risquent, à tout moment, de mettre à bas la paix civile. Et nous, que faisons-nous ? Nous prétendons ignorer non seulement les frontières que nous avons créées, mais encore les obligations unitaires que, de fait, nous avons imposées aux nouveaux dirigeants !

DEBRÉ... Dirigeants que nous vouons ensuite aux gémonies quand ils essayent de maintenir l'héritage de la France. Prenez le Bénin. La France se retire. Là-dessus arrive au pouvoir Kerekou, qui, certes, n'a pas été un modèle de démocratie, mais qui s'efforce de maintenir le cadre unitaire que nous lui avons légué. Las ! Ils est trop autoritaire à notre goût. Alors, au nom de la « bonne gouvernance », on impose des élections et on aide ses opposants. Mais qu'on ne s'y trompe pas : on ne débloque pas un centime de plus en faveur de l'aide alimentaire ou de l'éducation. Résultat : aux élections suivantes, le dictateur que nous avons contribué à chasser revient démocratiquement aux affaires parce qu'il est le seul à pouvoir maintenir l'unité sans laquelle la mosaïque ethnique qui compose le pays ne peut se coaguler !

Prenez le schéma inverse. À son époque, Houphouët-Boigny était critiqué : « potentat, dictateur »... Mais la paix régnait. Depuis sa mort, voici Laurent Gbagbo à l'œuvre, poussé par les socialistes français, mais élu dans des conditions plus que douteuses et qui, à peine arrivé au pouvoir, déclenche la guerre civile à cause d'une politique violente, ouvertement « ethniciste », contraire à l'idéal pacifique et intégrationniste qu'avait toujours défendu Houphouët...

On ne m'enlèvera décidément pas de l'idée que les « droits de l'hommistes » professionnels sont décidément les pires ennemis des droits de l'homme...

VERGÈS. C'est évident. Leur conception néo-tribaliste est en train de faire exploser la Côte d'Ivoire comme elle a fait, en 1994, exploser le Rwanda ! Souvenez-vous des applaudissements de la « communauté internationale », comme on dit, à l'arrivée des armées tutsi à Kigali, emmenées par le pro-américain Kagame dont le seul but était de renverser les Hutu au pouvoir au Rwanda ! La plupart des troupes de Kagame, entraînées en Ouganda, ne parlaient même plus le français, mais l'anglais. Qui étaient-ils d'autre qu'une petite phalange d'émigrés, minoritaires et revanchards ? Vous imaginez si, en 1815, les émigrés étaient revenus de Coblence en parlant l'allemand...

Au lieu d'applaudir, qu'aurait dû faire la France ? Non pas se retirer comme l'a fait Mitterrand sous la pression anglo-saxonne — ce qui a donné le signal du massacre des Tutsi par les Hutu après l'assassinat du président Habyarimana — mais maintenir sa présence pour empêcher les radicaux des deux bords de se déchaîner ! On a pu, une fois de plus, juger sur pièces de l'efficacité de nos grandes consciences humanistes occidentales : *« Courage, fuyons ! Battons notre coulpe pendant que nos chers amis africains s'entretuent. »*

DEBRÉ. Il faut dire qu'avant même Mitterrand et le discours de la Baule, les puissances occidentales avaient confondu ethnie majoritaire et représentation démocratique ! C'est nous qui, à la fin des années cinquante, avons imposé l'exil du Mwami, le roi tutsi du Rwanda, au motif qu'il appartenait à une ethnie minoritaire et régnait sur 90 % de Hutu... Il gouvernait jusqu'alors dans une paix relative, et parvenait tant bien que mal à maintenir en équilibre social, différent, certes, de nos conceptions démocratiques, mais permettant à ce pays de subvenir tant bien que mal à ses besoins. Nous nous sommes enragés à imposer puis à maintenir les Hutu au pouvoir... Et dès leur avènement, les morts tutsi ont commencé à se compter par centaines de milliers, les génocides succédant aux génocides...

Là-dessus, quarante ans après, François Mitterrand a compris que le soutien donné par l'Amérique à la poussée tutsi, que j'ai souvent comparée aux guerres napoléoniennes, était une folie, et que si nous abandonnions notre rôle et notre présence, la vengeance des uns contre les autres ajouterait le massacre au massacre et finirait par déstabiliser, non seulement la région des Grands Lacs, mais la majorité du continent africain. C'est très exactement ce qui s'est passé. S'il faut critiquer Mitterrand, c'est d'avoir cédé aux Américains, non d'avoir tenté de maintenir le *statu quo*...

Voilà comment nos belles « valeurs démocratiques », brutalement transposées à l'Afrique, ont coûté la vie à des millions d'hommes, de femmes et d'enfants. Notre entêtement, notre aveuglement collectifs ont été ravageurs et meurtriers. Quand aurons-nous le courage de le reconnaître et d'en tirer toutes les leçons ?

VERGÈS. C'est ce que nous faisons, vous et moi !

De même, je suis frappé d'entendre les socialistes prôner le démembrement pur et simple du Maroc. Autrefois, on considérait comme un fait que le royaume chérifien devait s'achever aux confins du Sénégal. Aujourd'hui, on nous explique que le petit Sahara occidental a droit à son indépendance ! Après s'être accroché aux colonies, on est entré dans l'ère inverse, et tout aussi contraire à l'intérêt des peuples, de la division pour la division, de la dissociation pour la dissociation. La question est donc : à qui profite le crime ?

DEBRÉ. Comme toujours aux plus forts... Et pour abonder dans votre sens, je voudrais revenir sur le Rwanda. Au même titre que l'Angola, du temps de la guerre froide, il s'agit sans doute là d'un conflit emblématique, et si j'ose dire « vectoriel », s'agissant des rapports de force que nous observons. J'ai pu le constater quand, avant d'être nommé ministre de la Coopération, à l'automne de 1994, j'ai tenté de faire respecter les accords de paix d'Arusha, conclu en août 1993 entre Hutu et Tutsi.

Ces accords prévoyaient l'unité nationale du pays, la démocratie, le pluralisme et les droits de l'homme ; le partage du pouvoir entre la présidence de la République et un gouvernement de transition à base élargie ; la désignation d'une Assemblée nationale provisoire chargée de contrôler le pouvoir exécutif, mais aussi la création d'une « commission sur l'unité et la réconciliation » — toutes choses assorties de l'interdiction de mentionner des origines ethniques des citoyens rwandais...

Tout cela était évidemment trop beau pour être crédible sans garantie internationale et, avant même d'arriver à la Coopération, j'étais allé rencontrer le président Habyarimana. Nous étions en janvier 1994 — il sera assassiné en avril — et l'homme que j'avais en face de moi était terrorisé, parfaitement au fait de l'offensive que préparait alors le FPR[1] de Paul Kagame.

Que me dit Habyarimana ? Exactement ceci : *« Si j'accepte les accords d'Arusha, il faut absolument que la France m'aide, sinon je serai rapidement mort. »* Et il ajoutait que, si nous nous engagions, il ferait ce qu'il faudrait pour maîtriser les extrémistes hutu de son camp. Puis je suis allé voir l'état-major du FPR, installé, à Kigali, dans l'enceinte de l'Assemblée nationale, conformément à ce que prévoyaient les accords d'Arusha. Et là, je m'entends dire, devant témoins, ni plus ni moins que ceci : *« S'il y a une chose que vous devez comprendre, vous autres Occidentaux, c'est qu'il n'y aura pas d'élections dans ce pays. Tout ce qu'on nous a raconté à Arusha, du genre* "un homme, une voix", *nous n'en voulons pas. Parce que sur cette base, nous sommes battus. Si nous*

1. Front patriotique rwandais.

voulons le pouvoir, nous le prendrons. Et c'est tout. » Trois mois plus tard, Habyarimana était assassiné. Et aujourd'hui, le Tutsi Paul Kagame est président du Rwanda.

VERGÈS. C'est bien la preuve du caractère criminogène d'élections démocratiques plaquées, comme un couvercle, sur un chaudron ethnique que nous avons tout fait pour faire bouillir...

DEBRÉ. « Nous », Français, en l'occurrence, pas tellement ! Notre seule faute est d'avoir abandonné le terrain face aux Américains, qui portent à mes yeux une responsabilité majeure dans les conflits de la région des Grands Lacs.

« L'intervention américaine n'a fait qu'amplifier le désordre »

Pouvez-vous être plus précis ?

DEBRÉ. Je le répète : tout a commencé avec le grand dégel qui a suivi l'effondrement de l'Union soviétique. L'Amérique, qui ne poussait jusqu'alors ses pions en Afrique que pour contrer les Russes qui faisaient de même, s'est mise à fournir une aide massive à l'Ouganda, avec l'idée qu'ils pourraient, à partir de là, conquérir une influence déterminante sur le centre de l'Afrique, tout en opérant un mouvement tournant vers les trois grands pays pétroliers de la zone que sont le Congo, le Gabon et l'Angola. Ils ont misé sur le président ougandais Museweni, dont ils ont payé et entraîné les troupes, afin que celui-ci récupère d'abord le Rwanda : c'était le rôle assigné à Kagame. Et après avoir pris le contrôle du Rwanda puis du Burundi, ils ont lancé leur grande opération « humanitaire » de 1996 sur Bukavu — destinée, en fait, à forcer les réfugiés hutu qui s'agglutinaient au Zaïre à rentrer au Rwanda, ce qui aurait entraîné une épuration ethnique déguisée. Ils se disaient sans doute qu'ils pourraient, du même élan, casser le Zaïre. Et une fois le Zaïre cassé, utiliser la dynamique tutsi en pleine expansion pour prendre le contrôle des gisements de pétrole de la région...

Cette stratégie continue de plus belle, même si elle a connu un grave revers avec l'émancipation de Laurent-Désiré Kabila, arrivé au pouvoir au Zaïre *(ndlr : redevenu le Congo en 1997)* dans les fourgons de l'armée rwandaise et qui, à peine installé, a joué son propre jeu, comme le joue actuellement son fils et successeur, Joseph...

On ne refait pas l'histoire avec des « si », mais il est clair que si la France avait maintenu les grandes lignes de sa politique de coopération, fixée du temps du général de Gaulle comme un instrument privilégié de maintien de la paix, autrement dit des intégrités territoriales pluriethniques, la zone d'influence française n'en serait pas là où elle en est...

VERGÈS. Quitte à vous paraître obsédé, je constaterai deux choses : historiquement, les conflits les plus sanglants de l'ère post-coloniale ont éclaté dans les zones que dominaient les Anglo-Saxons (le Liberia, où il existe, aujourd'hui encore, un parti « whig » et un parti « tory », la Sierra Leone, le Soudan, et je ne parle pas de l'apartheid en Afrique du Sud) et ils n'ont touché la zone francophone qu'à partir du jour où nous avons cédé aux exigences de ces mêmes Anglo-Saxons, comme au Rwanda ; ensuite et surtout, à qui devons-nous d'avoir piétiné l'œuvre unitaire du président Houphouët-Boigny, au nom de l'ivoirité triomphante ? À un membre éminent de l'internationale socialiste, M. Laurent Gbagbo !... Encore un bon disciple du discours de la Baule ! Parce qu'il est socialiste, lui a le droit de dire : *« Oui, je suis xénophobe, et alors ? »* Mais en France, on vous envoie en prison pour moins que cela, grâce aux lois votées par les amis « droits-de-l'hommistes » de M. Gbagbo !

Vous parliez du Zaïre : mais qui osera dire qu'après la chute de Mobutu, ce malheureux pays a été plus pillé en deux ans qu'il ne l'a été en trente ans par la famille Mobutu ? À force de donner des leçons de morale aux Africains, on en est venu à désorganiser les États qui tendaient, bon gré mal gré, vers l'unité, et à les livrer à des pillards professionnels qu'on finit par ne plus contrôler... C'est ainsi qu'on prête la main au renversement de régimes accusés, par exemple, de pratiquer la fraude électorale, pour finalement assister à l'horreur des horreurs : l'égorgement mutuel de populations que le régime déchu, tout imparfait qu'il fût, s'efforçait de pacifier...

DEBRÉ. Qui veut faire l'ange... etc. De ce point de vue, les Américains sont assurément des experts...

VERGÈS. Dans le jeu de go africain, ils sont loin d'avoir gagné la partie, mais il est clair que leur intervention n'a fait qu'amplifier le désordre, donc la détresse des populations... Vous l'avez dit, ils n'ont soutenu la *Blitzkrieg* tutsi que parce qu'elle pouvait les aider à prendre pied dans les régions pétrolifères qu'ils convoitaient. Ce qui est intéressant — j'allais dire encourageant —, c'est que, malgré leur victoire au Rwanda, au Burundi, au Zaïre, leur mouvement a buté sur l'Angola.

DEBRÉ. L'Angola d'abord a certes aidé Kabila à prendre le pouvoir, mais, en réalité, le président Dos Santos a profité du désordre zaïrois pour nettoyer les bases arrières de la rébellion de Sawimbi. Quand il s'est aperçu que celle-ci avait trouvé refuge au Congo-Brazzaville, il s'est allié alors au Gabon pour mater la guerre civile congolaise, déposant le président Pascal Lissouba, trop proche des Tutsi et des

Américains à son goût... Et ce fut la résurrection de Denis Sassou Nguesso, revenu au pouvoir grâce à l'Angola et avec l'aide technique du Gabon, principal allié de la France dans la région. Ce qui signifie tout de même un coup d'arrêt — provisoire ? — à l'expansion américaine et à l'hégémonie tutsi... Et aussi l'apparition d'un axe pétrolier Congo-Brazzaville/Gabon/Angola.

Mais que d'horreurs déclenchées au nom des idéaux démocratiques ! Je pense néanmoins que les États-Unis ayant pris position en pays tutsi sauront tôt ou tard se faire rembourser de leurs bons offices au centuple ; les multinationales sont déjà sur le pied de guerre et les contrats juteux se signent par centaines sur les ruines encore fumantes de l'ex-Zaïre !

VERGÈS. On met le feu à la maison et on brandit devant les caméras le bébé que l'expédition humanitaire a sauvé des flammes : c'est le grand bal des hypocrites !

Le bal des hypocrites

« Le premier des droits de l'homme ?
Ne pas tomber d'inanition sur le chemin
du bureau de vote »

Les événements de Côte d'Ivoire l'ont montré : la France est mise en accusation dès qu'elle intervient militairement en Afrique. Si vous ajoutez à cela le recul de la francophonie et le désintérêt pour l'Afrique de la plupart des « décideurs » politiques, on se dit que l'Amérique et les Anglo-Saxons en général ont atteint leur but : nous paralyser pour mieux prendre notre place. Quelle voie devrions-nous choisir pour défendre nos propres intérêts sans verser dans le néocolonialisme tutélaire du type FMI : « Vous aurez de l'argent si vous faites cela et pas cela » ?

DEBRÉ. Je le répète : non seulement la France a eu raison d'aller en Côte d'Ivoire, mais que n'aurions-nous entendu si elle ne l'avait pas fait ! Ceux qui nous taxent d'interventionnistes nous auraient accusé, comme au Rwanda, d'avoir laissé se perpétrer un génocide : celui provoqué par les mercenaires de Laurent Gbagbo puis, Gbagbo une fois déposé par les mutins, le massacre des troupes légalistes et, n'en doutons pas, celui des expatriés français... !

Quant au chantage du FMI : *« Organisez des élections et vous bénéficierez de notre aide »*, je dois dire que c'est, de mon point de vue, le summum du scandale.

VERGÈS. Curieuse manière, effectivement, de faire aimer la démocratie, que de l'associer, d'emblée, à un chantage... Cela me rappelle le honteux marchandage américain en Serbie : *« Livrez Milosevic au TPI, sinon vous n'aurez pas un dollar pour réparer tout ce que nos bombes ont détruit... »* Nous ne sortons décidément pas du bon sens de Mme Rolland ! *« Liberté, que de crimes, etc. »*

DEBRÉ. Vous imaginez la femme soudanaise, dont le bébé meurt de faim dans ses bras, et auquel le fonctionnaire du FMI intime l'ordre de faire vingt-cinq kilomètres à pied pour aller déposer un bulletin dans l'urne d'un improbable bureau de vote ? Merveilleux humanistes ! Chères bonnes consciences occidentales, qui s'émeuvent du sort des hannetons protégés (vous savez, qu'en France, on a interrompu, pour cela, la construction d'une autoroute !) et qui assènent, souverainement à une maman qui défend la vie de son enfant : *« Vous ne mangerez que si vous votez ! »*

VERGÈS. Cher Bernard, est-ce que vous ne deviendriez pas un peu révolutionnaire ?

DEBRÉ. Si vous saviez à quel point, vous ne me croiriez pas ! Je suis prêt, sinon à tout admettre, au moins à tout comprendre : la position des colonialistes comme celle des anticolonialistes, pourvu qu'elles soient désintéressées... Mais l'hypocrisie criminelle de certaines institutions me révolte. Que des enfants meurent par millions, à l'extrême limite on a le droit de ne pas s'en préoccuper. Mais on n'a pas le droit de dire qu'on est bouleversé quand on organise sciemment les conditions de la catastrophe !

Qu'on s'inquiète de la régularité des élections dans un pays politiquement stable, où chacun mange à sa faim, je l'admets parfaitement ! Mais je le répète, le premier des droits de l'homme, c'est de ne pas tomber d'inanition sur le chemin qui mène au bureau de vote. Et puis, disons-le : quelle légitimité est la nôtre de soupçonner des fraudes électorales au Gabon, où le président de la République est élu par 52 %, nous qui ne cessons de polémiquer à tort ou à raison sur l'existence de faux électeurs, ici ou là ? Et je ne dis rien du vaudeville électoral qui a entouré l'élection de George Bush, avec le comptage et le recomptage des bulletins à trous, les soupçons de fraude, sans compter de ce que nous savons aujourd'hui de l'inversion probable des résultats de l'élection américaine de 1960, vraisemblablement gagnée par Nixon et qui a vu Kennedy proclamé Président !

Quant à ceux qui parlent de la politique des pots de vin en Afrique, et qui montrent du doigt des pays dont le budget dépasse à peine 5 milliards de francs, qu'ils s'estiment heureux que les États en question aient autre chose à faire qu'à leur répondre... en leur parlant, par exemple, du Crédit Lyonnais, et de son trou de 150 milliards de francs !

Nourrir, soigner, instruire : voilà la priorité absolue, sans laquelle la démocratie restera une incantation. Je me souviens des banderoles de l'OMS, en 1974, à Alma Ata : *« La santé pour tous en l'an 2000 »*. Bravo ! Depuis, 100 millions d'enfants sont morts et on prépare déjà le slogan du prochain sommet : *« La santé pour tous en 2025 ! »* C'est vrai tout le monde sera guéri. Parce que tout le monde sera mort... On ne soigne décidément pas avec des slogans !

Mais il y a encore pire que cela : c'est l'humanitaire d'urgence. Y a-t-il, quelque part, une famine particulièrement atroce ? Tout le monde se mobilise, et pendant quelques mois, quelques semaines même, le temps qu'il faut aux télévisions pour se lasser, les populations sont un peu soulagées. Un ministre débarque, un sac de riz sur le dos, un autre dort sous la tente (climatisée, si possible), et le tour est joué ! À 6 000 kilomètres de là, on ne sait pas même de quel pays il s'agit, mais on peut siroter tranquillement son apéro : l'humanitaire par procuration vous transforme en héros. Jusqu'au jour où les télés plient bagage, où les sacs de riz des enfants des écoles n'arrivent plus, et où les ventres creux redeviennent encore plus creux. Mais qu'importe ! Une autre catastrophe pointe son nez dans un autre pays du monde, plus neuve, plus terrible, plus médiatique, bref, plus payante pour nos industriels du malheur ! Adieu la Somalie, bonjour le Mexique ! Mais attention : pour deux semaines maximum ! L'ennui, c'est que c'est tout au long de sa vie qu'on se nourrit, pas pendant deux semaines !

« La cruauté du soi-disant humanisme »

VERGÈS. La vérité, c'est que nos antiracistes officiels dissimulent derrière leurs avalanches de bons sentiments un mépris authentiquement raciste pour le tiers-monde en général et pour l'Afrique en particulier. Grattez leur vernis droit-de-l'hommiste, et vous trouvez bien vite le raisonnement suivant : « *Vous êtes noirs ? C'est dommage pour vous, mais nous vous aimons quand même ! Vous êtes différents de nous ? Eh bien, voyez comme nous sommes généreux : nous faisons de vous nos égaux ! Certes, l'histoire, le soleil, les épidémies, la mouche tsé-tsé, tout cela vous a fait prendre un peu de retard... Mais ne vous inquiétez pas : nous sommes là ! Nous, qui avons atteint le degré optimum d'organisation sociale, allons vous aider à progresser. Vous fraudez aux élections ? Acceptez nos conseils, et vous saurez frauder intelligemment, exactement comme nous le faisons... Vous refusez la parole à vos opposants ? Nous allons vous apprendre à les éliminer en douceur, c'est-à-dire à les exclure du débat au nom des droits de l'homme...* » Etc., etc.

Et le tour est joué : notre belle gauche qui se targue d'avoir été anticolonialiste retrouve les mots de la minoration de l'autre, de l'infantilisation du bon Noir ! C'est l'éternelle question du nanti à l'endroit du pauvre : « *Mais comment cela est-il possible ?* » Sous-entendu, mais prière de ne pas le répéter : « *Si une telle misère est possible, c'est sans doute qu'elle sanctionne une infériorité structurelle. Mais comme je suis à la fois supérieur et généreux, je m'en vais aider ces pauvres à devenir comme moi...* »

Et puis, admirez le paradoxe ! Ceux qui pratiquent l'ingérence, qui nient toute spécificité aux autres quand ils sont chez eux, sont les mêmes qui, à l'intérieur de la nation — là où l'unité de culture, ferment de la vie en commun, doit être la règle — vous expliquent que chacun a droit à sa différence : le Breton comme le Basque, l'Alsacien comme l'habitant des cités !

Pour la France, on respecte, et même on invente des différences, au risque de saper les bases de la concorde civile ; pour le reste du monde, on veut imposer le modèle unique. Je le dis comme je le pense : seuls des cerveaux malades peuvent inverser à ce point l'ordre des réalités ! Imposer à l'autre de devenir le même, et au même de devenir l'autre !... Mais au nom de quoi ?

Au nom de qui ?

Prenons l'exemple de la fraude électorale. Imposer à l'Afrique de raisonner comme nous, c'est nier une tradition millénaire, au nom d'une conception de la démocratie que j'accepte parfaitement, mais qui n'a pas deux siècles. Nous considérons, nous, que la démocratie, c'est la majorité plus une voix. Soit. Mais je remarque quand même que si l'on avait dit cela à Saint-Just, il nous aurait regardés comme des bêtes curieuses : la démocratie, pour les Révolutionnaires de 1789, c'était la volonté générale. Ce n'était pas le formalisme actuel qui délaisse 75 % du corps électoral ! Mais passons...

Pour les Africains — et de quel droit penserions-nous qu'ils ont tort ? — ce qu'il est convenu d'appeler la démocratie, c'est tout autre chose : c'est la recherche du consensus, à tout le moins du consensus le plus complet possible. Je veux bien qu'on m'explique que la dictature de la majorité plus une voix, imposée à la majorité moins une voix, constitue un progrès pour l'humanité. Qu'il soit permis aux Africains de ne pas le penser. La démocratie est inséparable de la tradition de l'arbre à palabre, elle-même inséparable des structures familiales porteuses des solidarités les plus diverses.

DEBRÉ.... Structures familiales qui, chez nous, sont tombées en déshérence et dont l'absence se fait cruellement sentir. Pour un Africain, le phénomène des SDF et, d'une manière générale, les drames de la solitude qui frappent nos sociétés dites développées sont à proprement parler inimaginables. De ce point de vue, nous sommes nettement sous-développés par rapport aux sociétés africaines traditionnelles !

VERGÈS. Mille fois d'accord. Et je vais vous

raconter une histoire qui en dit long sur ce choc culturel, laquelle est loin d'être à notre avantage...

Voici une quinzaine d'années, j'ai défendu un collectif de travailleurs immigrés maliens. Ils étaient logés à Montreuil, dans un foyer de la Sonacotra, complètement délabré. Un beau jour, le maire communiste de l'époque, Marcel Dufriche, leur annonce leur déménagement provisoire, en attendant que le foyer en question soit remis en état. Jusque-là, tout va bien : les Maliens se retrouvent dans un bâtiment au nom prédestiné : « La Nouvelle France ».

Là où les choses se corsent, c'est qu'entre-temps le Stalinien est remplacé par un communiste « humaniste », le nommé Jean-Pierre Brard. Un saint, que cet homme-là : toujours la compassion aux lèvres, le mot qu'il faut pour tous et celui qu'attend chacun. Bref, un habitué des grandes causes, jamais avare d'encouragements pour les sans-papiers qui occupent les églises, surtout quand les caméras sont là. Mais en coulisses, c'est autre chose : une nuit, à quatre heures du matin, les gendarmes investissent la Nouvelle France et envoie, *manu militari*, les Maliens dormir sur le trottoir. Tous, pourtant, sont en situation régulière. Qu'importe ! Aux yeux de l'humaniste Brard, leur foyer provisoire contrevient aux normes européennes concernant la prévention des incendies...

Certes, il leur propose une solution : la ville de Montreuil s'engage à acheter des hôtels à bas prix pour les loger, sur le territoire de la ville de Paris. Et vlan ! pour Chirac, auquel on refile le bébé... Manque de chance : les Maliens refusent et me désignent comme leur avocat !

Je leur dis : *« Mais pourquoi refusez-vous les hôtels qu'on vous propose ? »* Et là, je retrouve l'Afrique que j'aime, si tant est que je l'avais oubliée. Ils me répondent : *« Tout simplement parce qu'on veut nous disperser ! »* En effet, que signifie pour eux la dispersion ? Tout simplement la clochardisation ! Et ils m'expliquent : *« Une majorité d'entre nous travaillent, mais une grosse minorité connaît le chômage. Et pourtant, aucun d'entre nous n'est SDF. Pourquoi ? Parce que ceux qui travaillent cotisent pour ceux qui ne travaillent pas, pour qu'ils aient un logis et puissent manger. Mieux : comme nous venons tous de la même région, nous leur donnons une part de ce que nous touchons pour qu'ils puissent l'envoyer à leur famille. Si nous sommes dispersés, cette solidarité éclate, et vous aurez ce qui n'existe pas encore en France : des Maliens dans les rues, qui feront la mendicité comme les clochards français. Et ça, notre fierté s'y refuse. »*

De fait, je mets au défi quiconque, y compris chez ceux qui critiquent l'excès d'immigration, de me montrer un seul Malien sur les bancs du métro, ou dans les asiles de nuit du Samu social. Des jeunes Français de vingt-cinq ans ou des grands-mères abandonnées par leurs familles, je vous en montre quand vous voulez ! Et tout cela dans la patrie humaniste de MM. Jospin et Brard, grands pourfendeurs d'injustice mais aussi destructeurs patentés de solidarité !

Bref, l'affaire se termine de la manière suivante : les Maliens repèrent un local industriel vide, en plein centre de Montreuil, puis l'occupent. Le propriétaire, qui se rongeait les sangs depuis que l'entreprise qui le lui louait avait fermé, prend contact avec moi. Il s'affole, je le calme. *« Combien ce local vous rapportait-il autrefois ? »* Réponse : 30 000 francs. *« Eh bien, lui dis-je, considérez que l'affaire est faite : mes clients vous régleront cette somme chaque mois, jusqu'à ce que leur foyer d'origine soit remis en état. »*

Et ils l'ont fait ?

VERGÈS. Non seulement ils l'ont fait, mais le propriétaire est venu les voir, et m'a appelé immédiatement pour me dire son étonnement : le local avait été remis à neuf par les Maliens, qui le lui ont rendu en meilleur état que lorsqu'ils y étaient entrés !

Tout est bien qui finit bien, alors ?

VERGÈS. Oui et non ! Car savez-vous ce que le propriétaire a été contraint de faire, pour rester en règle ? Il a été contraint de demander un référé d'expulsion. Car s'il ne l'avait pas fait, il n'aurait pas été couvert en cas d'incendie, son local étant classé industriel et ne pouvant accueillir des particuliers. Certes, le propriétaire en question a été plus que bien : il n'a pas engagé de poursuites, se contentant de son référé pour rester en règle. Mais vous rendez-vous compte de l'absurdité de la situation ? Vous rendez-vous compte de la cruauté de ce pouvoir soi-disant « humaniste » qui traite les hommes comme du bétail et se refuse à prendre en compte une situation où chacun y trouve son compte : les Maliens qui, grâce à cette solution, conservent leurs solidarités sans coûter un centime au contribuable français ; mais aussi le propriétaire du local qui, par cet arrangement, comble son manque à gagner ?

Nous sommes là au cœur de la duplicité actuelle : plus on nous parle de « solidarité », et plus on détruit les réflexes qui permettent de l'assurer dans les faits ; plus on culpabilise le citoyen lambda avec la misère du tiers-monde — comme si le salarié licencié de *Moulinex* ou d'*Air Liberté* était pour quoi que ce soit dans la famine au Soudan ! — et plus on organise cette misère... Plus on construit, pierre par pierre, les conditions du chaos africain ambiant.

« Nos grands donneurs de leçons ont honte d'être français ! »

DEBRÉ. J'aimerais revenir sur ce que disait Jacques à propos du « monde à l'envers » dans lequel vivent les socialistes français et, avec eux, tous ceux qui considèrent que la France ne peut être que « plurielle » tandis que le monde doit être « un ».

Ces gens, qui sont les partisans d'une immigration à outrance — tout en traitant, comme on vient de le décrire, des immigrés qui vivent de leur travail et ne demandent rien à personne — sont les artisans de l'impossible assimilation de ces mêmes immigrés. Quand on remplace la qualité de Français par celle de Breton, de Corse, de Basque ou de Catalan, non seulement on détruit l'unité française, mais on casse les conditions nécessaires de l'assimilation des autres ! Croyez-vous que le travailleur immigré du Burkina Faso qui a envie de s'intégrer, puis de s'assimiler, va s'assimiler, d'emblée, à la culture corse, bretonne ou catalane ? Évidemment non ! Il a besoin de s'assimiler à une culture universelle, qui ne peut être, en France... que la culture française ! Cette culture française qui signifie quelque chose pour le monde entier, du Canada au Vietnam en passant par le Mexique et le Burkina Faso ! De même, l'immigré extra-européen qui veut s'assimiler en Italie ne deviendra pas piémontais ou sicilien : il voudra devenir un Italien ! Mais aussi britannique en Grande-Bretagne, et non écossais ou gallois !

Je l'ai dit, mais comment ne pas le répéter ? L'Europe des régions, prise au pied de la lettre, c'est l'Europe des ethnies, donc l'Europe des racismes. Fonder une citoyenneté sur l'ethnie, et non sur la culture unanimement reconnue du pays d'accueil, c'est ouvrir la porte à toutes les dérives !

Mais à l'inverse, nier le fait culturel, comme on nie le fait culturel africain en Afrique, c'est organiser le déracinement ! S'enraciner dans la nation, c'est s'enraciner dans l'universel. S'enraciner dans l'ethnie, c'est s'enraciner dans le conflit ! La nation est le lieu où les différences, pour légitimes qu'elles soient, peuvent se sublimer dans l'acceptation d'une culture commune.

La vérité, telle que je la ressens profondément, c'est que nos grands donneurs de leçons socialistes ont honte d'être français ! Ils sont honteux en France...

VERGÈS... Et prétentieux en Afrique ! C'est l'anecdote extraordinaire que vous rapportiez du centre culturel français de Dakar, où l'on a honte de présenter aux Africains les chefs-d'œuvre de la culture française, mais où l'on se permet de commenter, pour les Africains, de l'art africain « déstructuré », qu'on peut aimer ou non, mais c'est l'affaire des Africains ! On leur dit en quelque sorte : « Vous ne savez pas ce qu'est la modernité. Nous allons vous l'apprendre ! »

D'où l'autre question de fond : que se cache-t-il derrière notre bonne conscience démocratique que vous dénoncez et qui, trop souvent, aboutit à mettre l'Afrique à feu et à sang ?

VERGÈS. La réponse est simple : de sordides intérêts économiques. Je prends l'exemple des pays arabes. La plupart ont une population extrêmement nombreuse, mais des richesses concentrées dans des endroits très limités géographiquement. Alors, toujours au nom de l'humanisme démocratique, on trace un cercle autour du puits de pétrole. Et le chef local se retrouve émir. Lui est évidemment le dernier à s'en plaindre. Mais l'arrière-pays dans tout cela ? Il peut mourir de faim, personne ne s'en émeut. Quant à l'émir et à sa population, ils se retrouvent du jour au lendemain avec un standard de vie extrêmement élevé, libres de faire venir, pour les servir, des esclaves du monde entier. Ah ! certes, on s'en scandalise pour faire bonne mesure. On découvre que l'émir emploie des petites bonnes philippines qui sont ses esclaves sexuelles, ou bien qu'il claque, en un week-end à Paris, autant qu'un Français en une vie de travail... Mais au bout du compte, personne ne s'inquiète du vrai scandale, à savoir que tout cela est dérisoire comparé aux profits réalisés par les banques occidentales qui profitent de la manne !

Et voici comment la bonne conscience humaniste crée elle-même les conditions de ce qu'elle dénonce : la mise en coupe réglée d'États entiers par des intérêts tribaux que nous avons favorisés à mesure que nous décolonisions !

Alors, de grâce, soyons cohérents ! Cette décolonisation, pour laquelle je me suis battu, et d'autres avec moi, ne la transformons pas en pire que la colonisation : en négation des indépendances que nous avons reconnues ! Respectons la volonté de ces peuples qui, pour la plupart, restent attachés à la France et par là, à une forme d'héritage commun, que seuls des irresponsables peuvent vouloir brader !

Ces pays regardent la France avec confiance en lui disant : « Aidez nous. » Et que trouvent-ils en face ? Des humanistes mercantiles qui leur disent : « Votre beurre de cacao est trop cher ! Nous trouvons moins cher ailleurs. » Ou encore : « Vous avez des chefs qui ne nous conviennent pas. Ils sont trop fiers, ou trop peu démocratiques ! Changez-les ! » Mais nom d'un chien, ces gens-là savent-ils de quoi demain sera fait ? Nous ne savions pas, au moment des indépendances, que le Gabon deviendrait un émirat ! Et les Portugais ne savaient pas plus que nous que l'Angola deviendrait l'une des premières puissances pétrolières du monde ! Alors, de grâce, ne dilapidez pas l'héritage !

« Au nom de quoi laisserions-nous les entreprises américaines profiter de notre mauvaise conscience ? »

Est-ce que votre logique ne souffre pas, cependant, d'une certaine contradiction : d'un côté, vous accusez nos pseudo-humanistes de ne défendre que des intérêts sonnants et trébuchants, et de l'autre, vous leur dites : prenez garde de ne pas vous mettre à dos des pays qui, demain, peuvent devenir riches, et avec lesquels la France a intérêt à garder de bonnes relations...

DEBRÉ. Si Jacques le permet, je vais répondre à sa place. Car cette contradiction, que j'assume tout comme lui, est au cœur des rapports de la France avec l'Afrique !

VERGÈS. Je dirai même que seule la France est capable de l'assumer, cette contradiction ! En aucun cas les Américains, qui ne partagent, avec l'Afrique, aucune histoire commune...

DEBRÉ. Pour eux, l'Afrique n'est qu'un marché. Pour nous, c'est aussi cela — et pourquoi pas ? — mais c'est aussi et d'abord un siècle et demi de destin partagé, pour le meilleur et pour le pire.

Prenez un Malien, un Ivoirien ou un Sénégalais : tous sont fiers d'être maliens, ivoiriens ou sénégalais, et certains sont fiers de s'être opposés à la France pour conquérir le droit de disposer d'une nation qui soit leur. Mais en même temps — et je sais que c'est très difficile à comprendre pour un Américain ou même pour un Suisse — tous sont fiers d'avoir fait partie, un jour, de l'ensemble français ! Tous sont conscients, et infiniment plus que beaucoup de Français, d'avoir un héritage commun à défendre, à commencer par la francophonie. Et à travers la francophonie, une certaine conception unitaire du droit, de la nation, bref, une certaine conception de la liberté. Ne pas défendre cet héritage, c'est mépriser ces peuples, et c'est mépriser nos propres intérêts en Afrique. Car ne nous le dissimulons pas : nous y avons des intérêts. Et ce qui peut nous arriver de mieux, comme le dit Jacques, c'est que les anciens

États de l'empire français deviennent aussi riches que nous et qu'ensemble nous puissions envisager l'avenir sur un pied d'égalité, à mille lieues du colonialisme ou du néo-colonialisme, comme des partenaires que l'histoire a pu opposer, mais que l'avenir peut réunir. Car après tout, au nom de quoi laisserions-nous les entreprises américaines profiter de notre mauvaise conscience, et parfois de la mauvaise conscience post-coloniale que l'Amérique elle-même nous a inculquée ?

VERGÈS. Nous en revenons toujours là : cette mauvaise conscience post-coloniale — et c'est un anticolonialiste de toujours qui vous le dit — est le pire poison que nous puissions instiller dans nos rapports avec le tiers-monde. Vous avez raison : les Américains ne se sont pas privés de nous la coller, cette mauvaise conscience ! Mais pas pour promouvoir le droit des peuples à disposer d'eux-mêmes... Pour prendre notre place, y compris en balançant des tapis de bombes sur des civils et en traitant les écoles au napalm, voire en faisant financer par la CIA des régimes à leur solde, moins indépendants que pouvait l'être un régime sous protectorat français...

Il est certain que, dans le discours de Phnom Penh, il y avait, chez le général de Gaulle, un sentiment de juste retour des choses, par référence au rôle joué contre nous par les Américains en Indochine puis en Algérie...

VERGÈS. Un détail me frappe : c'est le point commun de tous ces bons droits-de-l'hommistes, prompts à nier les différences, c'est-à-dire, en dernière analyse, la personnalité de l'autre. Et ce point commun, c'est l'hostilité à ce qu'a pu représenter le gaullisme du général de Gaulle, pour la France et pour les peuples auxquels il a accepté de rendre leur indépendance ! Voyez nos chers socialistes français qui, en 1958, présentaient l'ancien chef de la France libre comme un dictateur et même comme un fasciste (en oubliant que c'est eux-mêmes qui avaient envoyé la troupe réprimer le mouvement de l'Algérie vers son indépendance) ; de Gaulle revenu au pouvoir, ils ont été les premiers à s'opposer à une politique d'indépendance nationale française ! Ils luttaient hier contre la dissuasion nucléaire ; ils applaudissent aujourd'hui à notre réintégration dans l'OTAN et au renversement d'alliances qui, jusqu'en Serbie, fait que la France renie ses amitiés séculaires pour se fondre dans le Nouvel ordre mondial !

A contrario, parlez de De Gaulle à un Algérien d'aujourd'hui. Il ne nie pas qu'entre 1958 et 1962 il fut un adversaire. Et même un adversaire implacable ! Seulement, il reconnaît dans cet adversaire un patriote qui ne voulait pas que son pays perdît la face et qui, aussitôt l'armée française maîtresse du terrain, fit en sorte que chacun emprunte un chemin conforme à ses intérêts historiques. La décolonisation une fois menée à bien, de Gaulle a pu parcourir l'Afrique, l'Asie et l'Amérique latine sous les vivats de millions et de millions d'hommes. Je n'imagine pas Guy Mollet accueilli à Phnom Penh ou à Mexico autrement que dans l'indifférence, voire, qui sait ? autrement que sous les crachats !

DEBRÉ. Vous parlez, à juste titre, de la manière dont la France abandonne sa politique d'alliances traditionnelles — autrement dit la défense de ses intérêts — au profit de postures diplomatico-militaires dictées par d'autres, notamment en Europe centrale. Mais je ne peux pas ne pas rapprocher cette tendance, déplorable à plus d'un titre, du désintérêt croissant que nous avons pour l'Afrique. Et pour cause, puisque dans l'un et l'autre cas, c'est le choix de l'intégration européenne, c'est-à-dire d'une Europe qui nous lie les mains.

Quand François Mitterrand cède, après quelques velléités de résistance, au diktat du chancelier Kohl qui a reconnu unilatéralement la Croatie et s'apprête à provoquer la remise en cause générale des frontières héritées de la Seconde Guerre mondiale, il est, somme toute, logique avec lui-même. Pour des raisons qui lui sont propres et que j'analyse comme une volonté perverse d'être le dernier chef d'un État français réellement souverain — il a donc accepté une fuite en avant dans une construction européenne de type fédéral, exclusivement continentale qui risque de compromettre la poursuite de notre politique méditerranéenne, et spécialement africaine !

Parler de la coopération franco-africaine à un diplomate allemand, c'est comme parler à un Grec de la coopération russo-finlandaise ! Ce qui intéresse aujourd'hui le chancelier Schröder, et c'est naturel, c'est de développer les investissements allemands en Europe orientale et en Russie, et de faire en sorte que les Quinze contribuent à garantir les risques, notamment financiers, de cette politique. Ce qui l'intéresse aussi, c'est l'élargissement vers l'Est de l'Union européenne ; ce ne sont pas les liens historiques de la France avec l'Afrique ou avec les pays arabes. Au sud, l'Allemagne n'a de lien vraiment fort qu'avec la Turquie, lointain héritage de son alliance avec les Ottomans. Et ça tombe bien, puisque c'est aussi l'intérêt des Américains que d'intégrer la Turquie en Europe. Mais le Burkina-Faso ou la Côte d'Ivoire, ils s'en désintéressent complètement !

Nous ne le dirons jamais assez : quand nous parlons du rôle de la France et de la défense de ses intérêts, il faut bien nous représenter que ce rôle et que ces intérêts ne sont pas unilatéraux. Les Africains sont les premiers à nous dire : « Revenez ! Développez la francophonie, aidez nos étudiants, formez nos médecins, encadrez nos chercheurs ! » Si la France avait laissé un souvenir aussi terrible que le prétendent nos gauchistes parisiens, je ne pense pas que les élites africaines se tourneraient vers nous avec tant d'insistance... Je n'ai pas connaissance qu'après 1918 les Camerounais aient réclamé le retour des colons allemands !

VERGÈS. Le drame, c'est qu'aujourd'hui, en Afrique, tout se passe comme s'il n'existait plus qu'une seule diplomatie : la diplomatie anglo-saxonne. Et cela donne le sentiment fort désagréable que même le Quai d'Orsay s'aligne sur les principes de cette diplomatie...

Et là, deux logiques coïncident pour chasser la France d'Afrique : celle de nos bons socialistes humanistes qui ont toujours récusé le principe même de la coopération ; et celle des concurrents de la France qui ont toujours rêvé de prendre sa place. Si encore tout cela était de l'intérêt des Africains, nous pourrions éventuellement discuter. Mais c'est loin d'être le cas !

DEBRÉ. Quand j'entends les ONG, toutes tendances confondues, critiquer la politique française en Afrique, il m'arrive de me dire qu'elles n'ont pas tort sous tous les aspects... Mais quand je constate que la France est la seule à être critiquée, je me dis qu'il y a quelque part quelque chose de pourri dans ce procès. Et aussi, que ces prétendues organisations non gouvernementales sont peut-être plus gouvernementales qu'on ne le pense !

VERGÈS. Le plus choquant, c'est la capacité d'indignation à géométrie variable dont fait preuve l'Occident, avec la complicité d'organismes qui se veulent « honorables ». Je pense notamment à la Fédération démocratique internationale des droits de l'homme qui découvre aujourd'hui que l'Irak de Saddam Hussein est coupable de crimes contre l'humanité ! Nous sortons de l'Afrique, mais le mécanisme est ici le même : quand l'Occident le décide — en l'occurrence les États-Unis — ceux qui ne servent plus ses intérêts sortent instantanément du genre humain ! Pourquoi la Fédération internationale des droits de l'homme ne s'est pas émue plus tôt de ce qu'elle dénonce à tort ou à raison ? Parce que, voici vingt ans, on comptait sur Saddam Hussein pour contenir l'Iran. Et qu'aujourd'hui on entend qu'il s'efface pour laisser la place à un protectorat américain, plus fiable que ne l'était l'Arabie Saoudite. Alors, nos chers droits-de-l'hommistes sortent des rapports en rafale pour justifier la guerre américaine. Rien n'a changé depuis l'affaire Dreyfus. Quand les inspecteurs de l'ONU ne trouvent aucune trace d'armes de destruction massive, les faucons américains rétorquent : *« C'est bien la preuve que l'Irak les cache ! »* Il y a un siècle, Bertillon répondait aux experts qui ne reconnaissaient pas l'écriture du malheureux capitaine Dreyfus : « C'est bien la preuve qu'il en a changé »...

DEBRÉ. Vous parlez de l'indignation à géométrie variable. Mais il y a aussi le mensonge pur et simple. Je m'en suis aperçu voici quelques années quand, me rendant au Togo pour une campagne d'opérations chirurgicales, j'ai constaté, par exemple, qu'*Amnesty International* pouvait écrire n'importe quoi. Dénonçant les conditions de l'élection présidentielle de 1998 qui a reconduit Eyadema, cette association que je n'avais aucune raison de ne pas croire, prétendait alors que des manifestations avaient été réprimées dans le sang et que les hôpitaux regorgeaient de blessés, que le nombre de morts était énorme, etc. Je connais l'Afrique et je sais ce que peut être une répression. Je m'attendais donc au pire. Manque de chance : j'y allais, moi, dans les hôpitaux ! Eh bien, rien ! Pas un blessé récent, ce qui s'appelle rien ! Et surtout, pas une rumeur concernant d'éventuelles disparitions quelques jours plus tôt. Or je vous prie de croire qu'en Afrique, je n'opère pas que les ministres... Vu la détresse ambiante, je vois plutôt une majorité de sans-grades, et parmi eux, sans doute, beaucoup d'opposants aux régimes en place...

VERGÈS. On vous répondra que les blessés ont été sauvagement achevés, puis dissous dans l'acide, comme dans *Nikita* !

DEBRÉ. Et les milliers de témoins avec ? Devant

des centaines d'Occidentaux présents ? Allons donc ! Eyadema qui, je le répète, n'est pas un saint, pas plus d'ailleurs que ne le sont nos gouvernants européens, avait tout simplement cessé de plaire ! Alors il fallait en faire un affreux ! Il fallait qu'il ait triché et, comme cela ne suffisait pas, il fallait qu'il fût criminel...

VERGÈS... *Amnesty* a prétendu aussi que des centaines d'opposants avaient été précipités, menottés, depuis un avion en vol, avion dont on a même donné le numéro de série... Manque de chance, là encore : l'avion en question était en réparation ce jour-là ! J'ai malheureusement l'expérience des crimes d'État, acquise notamment pendant l'affaire algérienne : quand on a envie de tuer des types anonymement, on ne leur passe pas des menottes. Et puis, les opposants en question, ce ne sont tout de même pas des orphelins tombés de la planète Mars ! Où sont les plaintes ? Où sont les avis de recherche ?

DEBRÉ. Pour nos grandes consciences occidentales, l'Afrique est un peu le paradis du « deux poids, deux mesures ». D'un côté, ceux auxquels on passe tout parce que leur action correspond aux intérêts du monde anglo-saxon qui, comme vous l'avez dit, donne le « la » d'un certain type de mondialisation ; de l'autre, les amis de la France qui sont nécessairement des salauds puisqu'ils entendent suivre leur propre voie...

Il y a aussi le chœur des irresponsables. Ceux

qui prêtent la main à la chute d'un tyran (réel ou présumé) et qui, une fois le tyran par terre, rentrent tranquillement en Europe donner des conférences sur les droits de l'homme. Pendant ce temps-là, le pays « libéré » plonge dans la guerre civile, les « démocrates » qui ont mis le « tyran » à bas envoient 25 000 personnes au cimetière... Et six mois plus tard, les bonnes consciences se réveillent : *« Mais qu'avez-vous fait de nos leçons ? »* Ce qui signifie *in petto* : *« Ces pauvres nègres sont vraiment incorrigibles. »* Mais pas une fois on ne pose la vraie question : *« Et si, au lieu d'abattre le tyran, on avait d'abord œuvré concrètement au développement de son pays ? »* Asseoir la démocratie sur le développement, et non l'inverse : voilà un raisonnement qui semble décidément hors de portée de certains esprits réputés brillants...

VERGÈS. Parce que le messianisme rend aveugle ! Comme avocat, il ne se passe pas un jour sans que je ne sois confronté aux dégâts humains qu'il provoque. Le messianisme du droit qui habite certains juges est de même nature que le messianisme démocratique que nous exportons en Afrique, non sans dégâts collatéraux !

DEBRÉ. C'est l'affaire de ce capitaine de l'armée mauritanienne, Ely Ould Dah, qui se rend en France, dans le cadre d'une mission de coopération, et que la justice arrête sur plainte, notamment, de la Fédération internationale des Ligues des droits de l'homme, au motif qu'il aurait infligé de mauvais traitements, huit ans plus tôt, à l'un de ses subordonnés. Mais qui sommes-nous pour nous substituer à la Justice mauritanienne ? Résultat : après trois mois de prison, cet officier a pu rentrer chez lui illégalement à la faveur d'une libération sous contrôle judiciaire, mais l'affaire a entraîné un tel refroidissement entre Paris et Nouakchott que la coopération franco-mauritanienne a été suspendue et un visa institué pour tous les Français se rendant en Mauritanie. Comment ne pas comprendre la réaction des Mauritaniens ? Pour une poignée de belles âmes, la justice doit ignorer les frontières ; pour les anciens peuples colonisés, cette justice-là n'est que le masque d'un néocolonialisme sournois...

VERGÈS. Ce messianisme s'exerce même à l'intérieur de nos frontières à l'égard des plus faibles ! Un exemple récent : à Lyon, une jeune femme est arrêtée pour avoir transmis à son concubin, toxicomane et emprisonné, 2 grammes d'héroïne. Détail important : elle est enceinte de huit mois et a deux enfants en bas âge. Qu'importe ! On la menotte dans le dos, on la conduit à Bourg-en-Bresse pour l'interroger et là, le juge des « libertés » l'envoie à son tour en taule. Et la voici à Montluc, la prison où sont morts tant de martyrs de la Résistance... Elle fait appel, vu son état. La chambre d'instruction confirme. Elle accouche en prison. Et, bien évidemment, vu la faiblesse des charges, on finit par la libérer.

Mais vous imaginez la scène quand, dans quelques années, on demandera à son fils où il est né ? *« À Lyon, à Montluc... »* dira le pauvre gamin. *« Ah bon ! En 1942 ? Du temps de Klaus Barbie ? »* Non, en 2003, quand les démocraties faisaient la guerre à l'Irak au nom des droits de l'homme !

Eh bien, certains juges sont comme les généraux américains. Ils ont un objectif fixé par Dieu : rétablir le droit — enfin le droit édicté par eux — quel qu'en soit le prix. Mais à côté de cela, il existe de petits arrangements avec le ciel. Quand une romancière célèbre, sympathique en diable, mais totalement toxicomane, se fait prendre dans un trafic d'ampleur nationale — pas 2 grammes, croyez-moi ! — on lui demande gentiment de ne pas recommencer. Il est vrai qu'elle est, elle, du bon côté de la barrière : tous les professionnels des droits de l'homme sont à son chevet pour protester de sa bonne foi... Et gare aux campagnes de presse : c'est la démocratie qu'on agresse si l'on ose relever ce simple fait.

DEBRÉ. Une fois de plus attention ! Je ne dis pas que les campagnes dirigées contre les atteintes aux droits de l'homme en Afrique sont toutes infondées, ni surtout que les amis de la France sont invariablement des perdreaux de l'année, irréprochables comme la femme de César. Ce que je dis, c'est qu'avant de faire la morale au monde entier, les Anglo-Saxons et les ligues de vertu qui relayent leurs accusations devraient : *primo,* balayer devant leur porte, et *secundo*, se demander à qui profitent leurs campagnes.

Tout cela n'est pas nouveau : quand, dans une autre vie, j'ai participé à mes premières missions humanitaires — celles dont je parlais au début de notre entretien, notamment au Biafra — j'ai bien vu qui nous avions en face de nous : le MI 5 et la CIA ! Pas le MI 5 et la CIA qui se seraient greffés discrètement sur des missions humanitaires nationales comme la France a pu le faire avec ses propres services : le MI 5 et la CIA seulement, et rien qu'eux !

Ce qui est nouveau, en revanche, c'est que nous perdions, peu à peu, tout ressort pour défendre nos positions. Notre intervention en Côte d'Ivoire est une heureuse exception. Il faudrait qu'elle redevienne la règle...

Vous vous rendez compte de ce que vous dites ? Non seulement vous êtes interventionnistes, mais vous glissez subrepticement vers le militarisme !

VERGÈS. Ce qui est important, c'est moins ce que l'on dit que l'endroit d'où l'on parle. Notre propos, ce n'est pas de défendre l'intervention pour l'intervention.

DEBRÉ... C'est de démontrer que l'absence de tout contrepoids à l'unilatéralisme anglo-saxon n'est pas une bonne affaire pour l'Afrique. Si la France délaisse l'Afrique, le déséquilibre ainsi créé provoquera des désordres pires que ceux auxquels nous sommes confrontés aujourd'hui...

Pensez-vous sérieusement que les Américains puissent s'implanter durablement en Afrique ?

VERGÈS. Durablement, non, mais ma crainte est qu'avant de s'en rendre compte, ils provoquent bien des dégâts ! Notamment en raison de leur méconnaissance du fait ethnique, y compris chez les Noirs américains...

DEBRÉ... qui peuvent avoir des réactions d'un racisme insoupçonné, s'agissant de leurs cousins africains...

VERGÈS... et qui ont par conséquent tendance à ne voir chez eux que « Noirs » sous-développés, sans distinction d'origine ou d'ethnie. Or un Tutsi à Kinshasa est plus reconnaissable qu'un Allemand à Paris ! Ignorer cela, c'est mépriser l'Afrique et c'est aussi le plus sûr moyen de la mettre à feu et à sang... Comme les chefs d'État européens, les chefs d'État africains ont bien des défauts. Mais la plupart ont eu jusqu'à présent une immense sagesse, dont curieusement personne ne leur sait gré : très peu ont cédé à la tentation de l'expansionnisme territorial, sauf dans le cas de frontières passant artificiellement au beau milieu d'un même bassin de population. Pourquoi ont-ils eu cette sagesse ? Tout simplement pour ne pas ajouter une ou deux pièces de plus à une structure étatique interethnique qu'ils ont déjà bien du mal à unifier...

Alors, quand l'Amérique débarque en Afrique avec la conviction chevillée au corps qu'un Noir est interchangeable avec un autre Noir — quelle différence entre un « nègre » du Bronx et un autre de Somalie ? — on est certain du moment où les ennuis commencent. Pas vraiment de celui où ils finiront... C'est là où le racisme ordinaire rejoint un certain angélisme antiraciste. Si tous les hommes se valent, aucun n'est identique à un autre ! Nier les différences entre les Africains et nous, mais aussi entre les Africains eux-mêmes, c'est finalement la forme suprême du mépris...

DEBRÉ. Rien n'est pire, en politique, et en Afrique, peut-être plus qu'ailleurs, que de nier les réalités. Comme Jacques, je souhaite de tout cœur que réussisse l'effort, souvent insoupçonné, de certains de nos amis communs, pour créer des États modernes sur des bases non ethniques, et *a fortiori*, non tribales.

Cet effort est en cours, et croyez bien qu'il ne va pas dans le sens de la facilité. Mais ne cherchons pas à aller plus vite que la musique ! Car forcer les choses peut aboutir à de terribles régressions.

J'ai encore en mémoire, au plus fort de la guerre civile rwandaise, le mot d'un journaliste, donneur de leçons patenté, qui prétendait que la division entre Hutu et Tutsi était artificielle et qu'il suffisait de « croire » au principe de la nation rwandaise, donc de renvoyer tout le monde dos à dos, pour que les sujets de conflit s'estompent comme par miracle ! Mais nom d'un chien, la politique, ce n'est pas un objet de foi ! C'est l'art de partir des réalités pour essayer, tant bien que mal, de les transformer !

VERGÈS. Et il faut bien admettre, comme Bernard le disait tout à l'heure, que l'Occident n'a pas été pour rien dans l'émergence de ces réalités post-coloniales. Quand les Allemands, avec leur vision ethnocentrique des choses, ont occupé le Rwanda, ils se sont reconnus beaucoup plus dans la féodalité tutsi que dans la paysannerie hutu ; quand les Belges leur ont succédé, ils ont introduit un passeport ethnique... Bref, contrairement aux Français, la plupart des autres colonisateurs européens n'ont rien fait, quand ils le pouvaient, pour atténuer ces disparités ethniques ! Et il faudrait que tout cela disparaisse d'un coup de baguette magique pour complaire instantanément aux donneurs de leçons dont vous parliez ? Alors, on se mobilise pour condamner les crimes des Hutu ! Bien sûr, que des crimes monstrueux ont eu lieu. Mais pourquoi ne parle-t-on que d'eux ? Et le second génocide, celui perpétré par les Tutsi poursuivant les réfugiés hutu dans les forêts du Zaïre, avec l'aide des services spéciaux américains ? Cela n'existe donc pas ? Pas plus en Afrique qu'ailleurs, le fait de fermer les yeux sur les malheurs d'un peuple pour se focaliser sur les malheurs d'un autre n'est une solution pour bâtir un avenir équilibré !

« Les Africains assument l'histoire de la colonisation. Assumons-la ! »

DEBRÉ. Nous vivons sous le règne de la dictature médiatique tirée de l'actualité, contre les leçons de l'Histoire, forgées dans la durée. On a découvert, en 1994, le génocide des Hutu contre les Tutsi. Mais on oublie qu'en 1964 le Pape Paul VI, dans l'une de ses premières allocutions à Radio Vatican, a dénoncé ce génocide comme le plus important que le monde ait connu depuis la guerre ! Alors, aujourd'hui, les Tutsi se vengent... Mais comme l'attention médiatique ne peut pas se concentrer sur deux génocides à la fois, on en reste aux responsabilités des Hutu, et tout le monde se retrouve pour accuser la France de complicité !

VERGÈS. Dans l'ordre politique, comme dans l'ordre juridique, on bascule dans le totalitarisme quand on se pose en détenteur exclusif de la morale... Prenez le cas de la Révolution française et de la Vendée. Nul ne peut nier que la Convention a déclenché, là-bas, un génocide effroyable, sans doute l'un des pires de l'Histoire de France. Mais peut-on juger l'héritage de la Révolution à l'aune exclusive du génocide vendéen ? Évidemment non ! Ce serait aussi absurde que de passer par profits et pertes le génocide de la Vendée, au nom de la marche en avant de la raison dans l'Histoire !

Vous connaissez la formule superbe de Napoléon, qui d'ailleurs a réconcilié la Vendée avec la République : « De Clovis au Comité de salut public, je me tiens solidaire de tout ! »... De Gaulle n'a jamais dit autre chose.

VERGÈS. Et il avait raison ! Napoléon comme de Gaulle étaient les héritiers de Clovis et de Robespierre, car l'un comme l'autre assumaient, dans son ensemble, le passé de la nation. Faire commencer la France à la Révolution est aussi absurde que de nier l'apport révolutionnaire à la conscience nationale. La seule chose qu'on puisse peut-être reprocher à Napoléon est de n'avoir pas assumé Clovis jusqu'au bout en réalisant le testament de Richelieu, au lieu de se lancer dans l'aventure impériale européenne, qui était un rêve italien. Mais là, nous nous éloignons de l'Afrique...

DEBRÉ. Pas tant que cela. Car de Gaulle, comme Napoléon — avec les réserves que vous faites s'agissant de l'empereur — étaient des réalistes. Les principes de la politique de coopération franco-africaine mise au point par le Général et par mon père, au début des années soixante, étaient une politique fondée sur les réalités africaines. Nous partions des réalités post-coloniales pour aller vers autre chose, en tenant compte des intérêts de chacun. Ceux de l'Afrique comme ceux de la France dans le monde. Ceux de l'Afrique, qui consistent à s'extraire progressivement de la situation de dépendance technologique, alimentaire et sanitaire où se trouvent beaucoup de ses États ; ceux de la France, qui sont avant tout stratégiques, dans une région du monde qui excite bien des convoitises.

Or comme le dit très bien Jacques, tenir compte des réalités post-coloniales, ce n'est pas faire l'impasse sur la situation créée par la colonisation. La colonisation fait partie de l'histoire de l'Afrique comme de la nôtre. Les Africains l'assument ; assumons-la ! Ce n'est pas l'humanisme repentant — et tellement hypocrite — d'une certaine gauche caviar qui fera repartir les rapports franco-africains sur un bon pied : c'est la conscience de ce que chacun peut apporter à l'autre, dans un esprit de fraternité d'autant plus authentique que chacun sera en règle avec lui-même.

A contrario, nos modernes repentants méprisent les réalités. Leur délire constructiviste les fait évoluer dans un monde qui n'existe pas. Un monde où la France a forcément tort et où les présidents africains qui veulent garder de bons rapports avec l'Europe sont forcément des pourris ; un monde aussi où n'existe qu'une dialectique oppresseur/opprimé, ce qui évacue fort commodément les grandes questions structurelles de l'Afrique que sont les rapports de force interethniques...

Je me souviens d'un débat très pénible que j'avais eu à la radio à l'occasion de la sortie de mon livre sur le Rwanda, *Le retour du Mwami*... J'étais confronté à une journaliste qui avait, elle aussi, commis un essai, dans lequel elle défendait la thèse selon laquelle l'Afrique serait une terre de rêve si ses dirigeants, ses ministres, mais aussi les représentants de l'Europe, diplomates, chefs d'entreprise et autres, n'étaient pas là pour la piller...

Avant que le débat commence, je lui demande hors micro : « Dans quel pays d'Afrique êtes-vous allée ? » Et sans la moindre gêne, elle me répond : « Aucun ». J'ai dû faire une mine tellement interloquée qu'elle a cru utile d'ajouter : « Je n'ai pas eu besoin d'aller en Afrique pour rencontrer qui je devais rencontrer »...

Le comble est que c'est moi qui me trouvais le plus mal à l'aise ! Ainsi, malgré des dizaines de séjours en Afrique, dans tous les pays et sous tous les régimes, malgré les centaines d'amis que j'y compte, malgré les milliers de gens que j'ai pu soigner ou faire soigner par mes équipes, bref malgré une habitude de trente ans de l'Afrique et des Africains, des plus modestes aux plus illustres, j'allais devoir débattre avec une « spécialiste » qui n'avait jamais mis les pieds en Afrique !

Quand le débat commence, c'est un festival : en face de moi qui défends l'Afrique que j'aime, pour la connaître avec ses qualités et ses défauts, cette Afrique humaine, trop humaine ; parfois, j'ai une sorte de directeur de conscience, décrivant une situation imaginaire, avec des personnages désincarnés, répondant à des catégories purement formelles. Un tel est un « corrompu », tel autre un « ennemi de son peuple », tel autre je ne sais quoi encore... Alors, au bout d'un moment, j'explose : « Écoutez, vous parlez de ce que vous ne connaissez pas ! » Elle aurait pu comprendre le signal. Elle ne le perçoit pas. Pire : elle reprend sa litanie, refusant d'écouter le moindre argument d'expérience, la moindre référence au passé, aux pesanteurs culturelles, bref, la moindre allusion aux hommes... Alors moi : « De quel droit insultez-vous des gens que vous ne connaissez pas et un continent où vous n'avez jamais mis les pieds ? » Pour toute réponse, elle s'est étranglée : « Vous n'avez pas le droit de dire cela ! » Mais, au moins, ai-je pu développer mes arguments !

Certes, j'y suis peut-être allé un peu fort, mais il y a tout de même un moment où la vérité brute est le seul moyen de replacer les choses dans leur ordre ! L'idéologie n'a pas tous les droits. Pas celui, en tout cas, de se substituer à l'expérience, de nier jusqu'aux faits historiques les plus élémentaires !

Même à l'intérieur d'une discipline, on accepte les compétences de l'autre. Je suis médecin et urologue. Je peux donner mon avis à un orthopédiste, mais pas lui apprendre à opérer un fémur ! Et je n'admettrai pas qu'il me donne des leçons sur une prostatectomie ! Eh bien, quand vous parlez de l'Afrique, toutes les frontières s'effacent : l'idéologie triomphe de la réalité. Les hommes et les situations doivent céder devant le magistère de la nouvelle inquisition ! Vous devez supporter les leçons de morale de gens qui ne connaissent ni l'Afrique ni les Africains, mais qui vous les dépeignent comme ils voudraient qu'ils soient ! Jacques a raison : c'est un formidable mépris de l'autre !

VERGÈS. Pour une certaine caste politico-médiatique, il n'y a pas de dialogue possible, sinon un dialogue de ventriloque... On ne veut dialoguer avec l'autre que s'il est comme vous. On ne veut entendre parler de l'Afrique que si les Africains nous ressemblent ! On n'aime que des « nègres blancs » pleins de mimétisme énarchique ! Les autres, ce sont des sortes de « sauvages » vus par Tintin au Congo ! Bravo, la gauche ! Bravo, les antiracistes !

Et tout cela donne quoi, à la fin des fins ? Cela donne l'incompréhension actuelle entre la France et le Vietnam. Nous en parlions ici même : ceux qui nous dirigent ne peuvent pas se mettre dans la tête que les Vietnamiens peuvent encore aimer la France ! Les Vietnamiens se sont battus contre la France, et ils ont gagné. Puis ils se sont battus contre l'Amérique et ils ont vaincu l'Amérique. Mais ils n'ont pas, pour autant, oublié la France. Ayant conquis leur indépendance, c'est avec nous, et pas avec d'autres, qu'ils veulent renouer les liens les plus étroits. Et nous, nous ne savons leur parler que du passé. Nous battons notre coulpe ! Mais en voilà assez ! Nous sommes quittes ! Nous avons colonisé le Vietnam, puis les Vietnamiens nous ont chassés... et tout cela fait, somme toute, un passé commun assez équilibré pour envisager l'avenir sur des bases de reconnaissance mutuelle !

Eh bien, non ! Nos humanistes patentés préfèrent gérer l'immigration clandestine en France dans les conditions que l'on sait (qui ne sont satisfaisantes ni pour les Français ni pour les immigrés) que d'aider, chez eux, des peuples qui aiment la France, qui veulent continuer à parler français et qui ne se résolvent à parler anglais que parce que nous ne faisons rien pour notre langue et que les Anglo-Saxons font tout pour promouvoir la leur !

Si vous aviez à mettre en place une vraie politique de coopération, c'est donc par le développement de la francophonie que tout commencerait ?

DEBRÉ. Sans le moindre doute. Voici plusieurs années que je propose, dans le domaine des études médicales, l'expérience suivante : que chaque faculté de médecine prenne en charge, chaque année, les études, en France, d'un Africain auquel on payera intégralement son cursus médical. Un par université, soit une quarantaine par an. Qui payerait ? L'État, les régions, et les industriels, tant il est vrai qu'au-delà de la francophonie, c'est tout un marché que l'on offre à nos entreprises : un médecin étranger entièrement formé en France par université, c'est, au bout de dix ans, près d'un demi-millier de médecins africains qui parleront, « penseront » et consommeront français. Et les médecins, comme on sait, ne sont pas seulement des prescripteurs de médicaments. Ce sont aussi, comme disent les sociologues, de grands « prescripteurs d'opinion » !

Eh bien, si l'on étend ce système à toutes les universités, du droit aux sciences en passant par l'informatique, cela signifie que nous nous mettons en situation de former une partie non négligeable des élites locales pour un coût financier relativement réduit, mais pour un profit maximum. Si l'on ne fait pas cet effort-là, rien ne sert de nous lamenter sur l'impérialisme culturel anglo-saxon...

On pourrait aussi imaginer, j'y reviendrai en détail, de grandes universités interafricaines qui seraient financées à 50 % par la France, et à 50 % par les pays qui accepteraient de les accueillir. Au bout de quelques années de fonctionnement, vous verriez l'influence française repartir en flèche !

VERGÈS. J'agrée d'autant plus à votre idée que la politique de la francophonie sera, à mon sens, d'autant plus efficace qu'elle sera largement décentralisée. Un homme politique réunionnais que la modestie m'interdit de nommer...

Serait-ce, par hasard, Paul Vergès ?...

VERGÈS. Gagné ! Cet homme politique, donc, propose de créer une grande université francophone pour tout l'océan Indien. Et où ? Non pas à la Réunion, ni aux Seychelles, ni à Maurice, ni aux Comores, mais à Madagascar. Pourquoi Madagascar ? Parce que c'est là qu'existe le substrat démographique le plus dynamique et le plus efficace pour rayonner dans la région.

DEBRÉ. Tout arrive ! Je suis d'accord avec ce que propose votre frère ! J'ai même été d'accord avec lui avant de savoir qu'il proposait cela, puisque j'ai moi-même défendu cette idée comme ministre de la Coopération. Madagascar comme porte-avions de la francophonie, et la Réunion comme porte-avions adjoint, c'est la raison même...

VERGÈS. De toute façon, si une initiative forte n'est pas prise dans ce sens d'ici quelques années, l'anglais submergera tout. Dans tout l'océan Indien, des gens se battent pour garder le droit de parler français, et la France ne les entend pas... C'est, je dois le dire, une situation de suicide culturel assez inédite ! Veut-on que, dans un demi-siècle, on regarde les dernières populations parlant français dans la région comme des Cajuns, autant dire comme des reliques ? À tant faire de nous désintéresser de notre propre culture, nous aboutirons bientôt à ce paradoxe que ce seront les Anglais qui voteront des crédits pour créer des conservatoires du français comme les Américains financent les réserves indiennes !

DEBRÉ. Sans politique offensive de la francophonie, nous sommes morts culturellement, donc politiquement. C'est d'ailleurs pour cela que je ne me suis pas battu avec une grande conviction en faveur de la loi Toubon qui est une loi profondément défensive. Quand on a besoin de faire une loi pour défendre une langue, c'est que cette langue est en perte de vitesse. Une loi, cela ne coûte pas un sou et cela donne bonne conscience. Ce qu'il faut, au contraire, c'est donner de vrais moyens financiers à la langue et à la culture françaises, c'est investir dans les universités francophones, toutes choses qui portent leurs fruits à coup sûr mais dans le long terme... Toutes choses aussi dont a horreur notre politique au jour le jour, qui n'est même plus une politique à force de sacrifier l'avenir sur l'autel d'un présent électoral qu'on maîtrise d'ailleurs de moins en moins...

VERGÈS. Ce qui manque à la politique africaine de la France, et d'ailleurs à la politique tout court, c'est le sentiment de continuité qui prévalait avant la Révolution, et que de grands chefs d'État post-révolutionnaires ont su maintenir, tels Napoléon ou de Gaulle.

J'ai la chance de beaucoup voyager. En Afrique, mais aussi en France. Et je connais un lieu, au cœur du Bourbonnais, aussi fascinant, mais pour d'autres raisons, que bien des contrées exotiques : c'est la forêt de Tronçais. Une forêt de chênes qui fut plantée par Colbert voici 350 ans. Des chênes qui montent jusqu'au ciel. Droits comme aucun arbre ne le sera plus jamais. Et pour cause puisque, pour parvenir à cette perfection, chaque spécimen — et ils sont des milliers — était assorti d'un tuteur géant. À quoi servaient ces arbres ? À fabriquer des mâts pour la Marine royale, celle dont Louis XIV avait juré de faire la première du monde. Aucun navire, pourtant, n'a jamais reçu de mât issu d'un chêne élevé dans la forêt de Tronçais. Aucun. Parce que c'est au XXe siècle que ces chênes sont parvenus à maturité. Et que depuis le milieu du XIXe, les cuirassés ont remplacé les vaisseaux à trois ponts...

Cet acte, qui nous apparaît à la fois vain et grandiose, participe pourtant de la politique, au sens quotidien du terme. C'est un acte de prévoyance. Ni plus ni moins. Le devoir d'État de Louis XIV et de Colbert était de considérer comme une donnée géopolitique permanente la rivalité franco-anglaise sur les mers. Le temps de la politique n'était pas, alors, foncièrement différent, du temps historique. Et de fait, qui peut nier — rivalité franco-anglaise ou pas, marine à voile ou pas — que la maîtrise des mers n'est pas demeurée un enjeu décisif de la puissance des États ?

Quand de Gaulle lance le programme nucléaire français, il est dans la même logique. Nul ne sait, pas plus en 1960 qu'en 2003, ce que sera l'énergie du XXIIIe siècle. Mais le devoir d'un homme d'État n'est-il pas de réunir les conditions de la pérennité nationale, avec les moyens les plus modernes dont il dispose ?

Et qu'on ne nous raconte pas que tout va plus vite qu'hier : c'est l'alibi des impuissants, pour ne pas dire des imbéciles. Dites, par exemple, à un homme politique : *« Au vu des paramètres démographiques dont nous disposons, l'équilibre des systèmes de retraites sera mathématiquement rompu autour des années 2025 : les ayants droit augmentent et les cotisants diminuent. Pour sortir de la seringue, vous avez le choix : relancer la démographie par des mesures appropriées, compléter le système par répartition par un système complémentaire par capitalisation, organiser une messe à Notre-Dame, que sais-je encore ? Mais une seule chose est sûre : il faut agir. Vous êtes payé pour cela. Que comptez-vous faire ? »* Que croyez-vous qu'il vous répondra ? À cent contre un, il dira : *« Attendre que les élections soient passées. »* Vous allez le revoir après les élections. Et là, il vous dit : *« Oui, les législatives sont passées. Mais il y a les européennes. On ne peut pas prendre le risque de brusquer notre électorat. »* Et ainsi de suite jusqu'à ce que le personnage en question soit mis à la retraite par les électeurs et remplacé par un autre qui reprendra le même langage...

Colbert, que vous citez, et en règle générale le XVIIe *siècle français, dont vous admirez le sens de la continuité, c'est tout de même eux qui ont donné naissance au fameux « Code noir » qui a codifié l'esclavage...*

VERGÈS. Hélas ! Nul n'est parfait. Le Code noir enlève l'usage de la barbarie aux propriétaires et le délègue aux juges pour leur déshonneur.

« Les Américains sont plus habiles que nous pour habiller leurs ambitions de nobles prétextes »

Donc, que faire pour l'Afrique, ici et maintenant ?

DEBRÉ. Le contraire de ce que l'on pratique sous le vocable d'ingérence humanitaire, et qui n'est rien d'autre que du néocolonialisme accommodé à la sauce médiatique. On en revient toujours au fameux sac de riz sur l'épaule du ministre...

La seule politique praticable, dans le respect des peuples et dans la recherche de l'efficacité maximale, c'est celle de la coopération contractuelle. Nous allons y revenir. Mais l'urgence des urgences, c'est que cesse le désengagement français en Afrique.

VERGÈS. Après avoir glissé, comme vous dites, dans le militarisme, je vais défendre l'indéfendable...

DEBRÉ. Ce n'est pas nouveau chez vous...

VERGÈS. Je vais défendre la politique pétrolière de la France !

Alors là, je refuse d'en entendre davantage... (rires)

VERGÈS. Vous m'entendrez tout de même dire un mot de l'affaire Elf, parce que nous sommes au cœur de l'hypocrisie dont nous parlons. Tout part d'une dérive condamnable mais sans doute commune à toutes les époques et à tous les régimes, pour arriver à une véritable catastrophe nationale.

La dérive, nous la connaissons : c'est celle d'une grande entreprise qui, qu'on le veuille ou non, défend les intérêts de la France dans le monde et qui, parce qu'elle réussit et brasse des sommes chaque année plus colossales, se permet des libéralités croissantes à l'endroit de certains de ses affidés. Et puis, un jour, arrive le pépin majeur : on s'aperçoit que, derrière la rémunération, sans doute excessive, mais somme toute naturelle des services rendus, il existe des cas d'enrichissement personnel sans rapport avec la qualité du service, et même sans service du tout.

On passe de commissions légitimes à des rétrocommissions qui le sont moins, et l'on découvre tout un inframonde vivant sur le dos de l'entreprise avec des cartes de crédit et autres avantages en nature, mais sans avoir jamais rapporté le moindre sou à quiconque ni *a fortiori* au pays...

Résultat : tout est mis sur la place publique, et le crédit de l'entreprise, donc de la France, est atteint de plein fouet. Les concurrents américains d'Elf qui versent des commission encore plus colossales à leurs intermédiaires, mais sans jamais le reconnaître, se frottent les mains. Et plus personne ne veut travailler avec la France. Mettez-vous maintenant à la place d'un décideur d'une république pétrolière auquel on propose 20 millions de dollars pour faire avancer les intérêts français. Il préfère travailler pour 5 millions avec les Américains, parce qu'il est sûr que son nom ne sera jamais cité à la « une » du *Monde* ou de *Libération...* Et c'est ainsi qu'on sort du fait divers pour entrer dans la politique étrangère.

DEBRÉ. Le drame de l'affaire Elf, c'est qu'elle

arrive à un moment géopolitique crucial. Celui où les Américains, nous l'avons dit, se rapprochent des puits de pétrole du Gabon, du Congo, de l'Angola et du Sud-Soudan, via les guerres civiles du Rwanda, du Zaïre et du Burundi... Le résultat, nous l'avons sous nos yeux : les abus de quelques-uns uns ont désarmé la France dans une phase particulièrement délicate de son action internationale. Cela n'ôte évidemment rien à la gravité des abus en question, mais cela aurait dû responsabiliser ceux qui, pour des raisons politiques, les ont exploités. L'angélisme a des limites : on n'a pas le droit de casser le jeu de la France en Afrique parce qu'une poignée de malhonnêtes ont profité de leur position pour s'enrichir.

VERGÈS. Voyez le projet de pipeline tchadien vers l'Atlantique *via* le Cameroun. Elf était associé à Exxon et à Shell dans un schéma de développement qui aurait sans doute irrigué économiquement toute la zone. Greenpeace, les Verts, bref, tout ce que la planète bien pensante compte de donneurs de leçons s'est ligué contre le projet, au motif qu'il constituait une menace pour la faune et la flore...

DEBRÉ. Vous savez bien que certains écologistes préfèrent les animaux aux hommes...

VERGÈS. Eh bien, Elf, qui, non seulement se trouvait dans le collimateur des affaires, mais était en phase de fusion avec Total Fina, a cédé à l'intimidation et aux pressions et s'est retiré. Qui occupe aujourd'hui le terrain ? Exxon et Shell !

DEBRÉ. Les Américains sont incontestablement plus habiles que nous pour habiller leurs ambitions de nobles prétextes, écologiques notamment. Au Gabon, depuis la fin de l'année 2002, ils implantent rien de moins qu'une dizaine de réserves naturelles. Qui le leur reprocherait ? L'ennui, c'est que le périmètre de ces réserves correspond étroitement aux zones potentiellement riches en pétrole.

VERGÈS. Comme le hasard est bien fait ! Les Américains étant propriétaires des terrains, quel gouvernement hésiterait à leur confier l'exploitation du sous-sol, pour peu qu'on trouve des gisements ? Mais vous imaginez le tollé si les Français avaient fait ce calcul ? On aurait entendu *Greenpeace*, qui par ailleurs ne néglige pas l'aide des compagnies pétrolières quand il s'agit de boycotter notre industrie nucléaire : les investisseurs français auraient été immédiatement placés en position d'accusés...

DEBRÉ. Il faut pourtant plus que jamais investir en Afrique, mais selon des modalités qui, à la fois, aident les Africains, et garantissent l'intérêt à long terme des pays du Nord. Car si l'égoïsme est condamnable, l'angélisme l'est tout autant pour la bonne raison qu'il est inefficace.

Le salut par le contrat ?

« L'humanitaire est devenu un business »

Quand on parle du développement de l'Afrique, ou à tout le moins des remèdes qui pourraient être les plus efficaces pour ralentir sa ruine, il n'existe, finalement, que deux écoles : l'école libérale qui parle « bonne gouvernance » et privatisations ; et l'école tiers-mondiste classique qui n'a qu'un mot à la bouche : « Annulons la dette. » Où vous situez-vous ?

VERGÈS. Remettre la dette sans changement de politique, c'est un emplâtre sur une jambe de bois.

D'ailleurs, la dette est remise, de fait, puisque la plupart des pays africains sont hors d'état de la payer ! Quant à ceux qui la payent encore, et qui se saignent aux quatre veines pour le faire, il serait juste de leur dire : nous vous dispensons du principal comme des intérêts à condition que vous injectiez les fonds correspondant aux infrastructures dont vous avez besoin... Voilà qui serait, à mon sens, un signal intelligent.

Et puis, remettre la dette sans contrepartie, ce serait un double aveu d'échec : le nôtre, puisque nous nous dispenserions ainsi de toute réflexion sur les raisons qui ont poussé ces pays à s'endetter — raisons liées, d'abord, à l'entêtement qui fut le nôtre, après la décolonisation, à transformer l'Afrique en miroir de l'Occident ; mais aussi celui des États africains qui n'auraient plus que la ressource de se ré-endetter pour essayer à nouveau de s'en sortir. Mais sans plus de chance d'y parvenir si les rapports Nord-Sud restent ce qu'il sont...

Quant à la « bonne gouvernance », qu'est-ce que cela peut bien vouloir dire pour un chef d'État africain dont le premier souci est de nourrir son pays ? Bernard a magistralement résumé l'inanité du concept, en parlant de la mère qui cherche à nourrir son bébé et à laquelle on explique qu'elle ferait mieux d'abord d'aller voter...

À la fin des fins, j'aimerais qu'on me dise ce

qu'est, à l'inverse, la « mauvaise gouvernance ». Est-ce l'enrichissement personnel des dirigeants ? Le détournement des subsides de la coopération ? Le népotisme et le favoritisme dont se rendent coupables certains chefs d'État ? Assurément, tout cela existe et n'aide nullement l'Afrique à décoller... Mais, au fait, qui a cru utile d'exporter ces pratiques ? Qui les a institutionnalisées ? Et qui en tire profit pour intervenir ensuite au nom de la morale ? De ce point de vue, le crime est presque parfait : les corrupteurs sont ceux qui crient le plus fort contre la corruption ! D'un côté, nous cultivons une mauvaise conscience dont, je le répète, les Africains n'ont que faire et, de l'autre, nous nous comportons plus que jamais en donneurs de leçons !

DEBRÉ. Il est certain que notre attitude de repentants a créé une situation pour le moins paradoxale. D'abord, on a donné de l'argent pour se faire pardonner. Nous n'étions pas seulement les affreux colonisateurs, ceux par qui tous les malheurs étaient arrivés : en plus, nous avions la richesse et la gloire, les autres n'ayant rien que leur pauvreté, etc. Je dois dire que les églises et les missions ont beaucoup fait pour développer cette vision culpabilisatrice. On a donc construit des palais pour les présidents, pour les Assemblées nationales, créé des ordres, inventé des hymnes, bâti des armées et même des compagnies aériennes. Et puis, chaque fois qu'un Africain émettait un souhait, il était aussitôt exaucé. Jamais on ne critiquait, sauf à passer pour un abominable néo-colonialiste... Bien sûr, sur 1 000 euros donnés, il y en avait 10, peut-être 5 seulement, qui servaient vraiment à quelque chose, le reste étant dilapidé...

VERGÈS. Soyons tout de même prudents lorsque nous parlons de dilapidation. Vous savez comme moi que lorsqu'un dirigeant ou un cadre africain prélève 500 euros sur 1 000 qu'on destine au développement, ce n'est pas pour les cacher sous son lit. Toutes proportions gardées, il fait comme le travailleur de son pays émigré en France : il contribue à faire vivre son village, son clan, voire sa région. C'est peut-être choquant pour un esprit cartésien rompu aux règles de la comptabilité publique enseignée à l'ENA — encore, vous le savez bien, que nous ayons des escrocs très chics, diplômés de l'ENA et qui, eux, ne font profiter personne de leurs détournements... — mais c'est, qu'on le veuille ou non, une forme de redistribution.

DEBRÉ. Surtout, et c'est ici que je voulais en venir, notre manie de la repentance a créé des situations juteuses pour des hommes et des institutions que nul ne soupçonnerait de vouloir autre chose que le bien de l'humanité. Or l'humanitaire est devenu un véritable business. La raison en est simple : dans les zones de conflit où interviennent les ONG les plus médiatisées, il est de bon ton de pouvoir montrer les produits les mieux adaptés. C'est ainsi que des collectifs se sont constitués afin de réunir à l'avance les tentes, le matériels, les médicaments ou les aliments dont ils auront besoin pour leurs interventions. Nous disposons donc désormais de panoplies humanitaires clés en main : il y a le « kit » OMS, le « kit » MSF... Et derrière, des entreprises pour les fabriquer, des entreprises pour les conditionner. Ces sociétés sollicitent évidemment le financement des États. Et réalisent, de ce fait, des marges importantes...

Ces sociétés qui spéculent sur le malheur du monde sont toujours à l'affût de l'urgence. Lorsqu'une ONG a besoin de 100 tonnes de lait, par exemple pour la Somalie, elle lance un appel d'offres français ou même, désormais, européen. Ce sont toujours les entreprises spécialisées qui répondent en premier. Et très souvent, en raison de l'urgence, l'ONG se contente de sélectionner les produits proposés par ces sociétés. Même s'il serait beaucoup moins onéreux de s'adresser directement aux producteurs !

Ce genre de business n'est pas exempt non plus de pressions politiques. Je me souviens d'un député qui, après m'avoir recommandé certaine société, est venu voir en personne le responsable de la cellule d'urgence du ministère pour tenter de lui vendre les produits d'une industrie importante de son département. Il s'agissait de tentes. Hélas pour lui, la plupart des collectifs s'approvisionnent au Pakistan ou en Asie du Sud-Est, pays où la main-d'œuvre a un coût dérisoire...

Que penser, encore, de ces transitaires qui organisent eux-mêmes leurs chaînes humanitaires afin de préparer des créneaux de location d'avion ? Et de ceux qui envoient des mailings aux ONG pour leur proposer, moyennant finances, des vols réservés « spécial humanitaire » ?

Les principaux représentants des ONG chargées des approvisionnements, les acheteurs, comme dans toute société « normale », sont soumis en permanence à des offres multiples et à des pressions commerciales diverses... En fin d'année, les cadeaux affluent. Chaque société offre des chocolats, du vin, des jouets, des anoraks ou même des tentes en échantillons.

Toutes les caractéristiques du bon business sont réunies : c'est, je l'admets, une source d'emplois pour les jeunes pétris d'idéal qui ne trouvent pas à employer leur enthousiasme chez eux ; c'est aussi un lieu d'échanges très rapide (donc très rentable) de produits de première nécessité. Mais c'est surtout, à l'arrivée, une corne d'abondance pour les multiples, et toujours plus nombreux demandeurs de bakchichs, de prébendes ou de gratifications. Les ONG payent en effet de plus en plus cher pour avoir accès aux zones de combats, pour louer des camions ou des moyens logistiques.

Les dons des ONG sont parfois même soumis

aux taxes légales d'importation levées par les États ! Le pire degré dans l'abjection du *charity business* est atteint par l'utilisation qu'en font certains Européens installés dans les pays en crise. À l'occasion d'une intervention humanitaire, voici quelques années, un diplomate s'est démené comme un beau diable pour vendre aux arrivants occidentaux des voitures qu'il achetait à bas prix aux commerçants du coin. Il organisait des locations de villas, louait des camions et faisait venir des stocks de vivres qu'il revendait au prix fort. En voilà un qui, sans aucune pudeur, a su faire rimer aide humanitaire avec aubaine financière ! Et ce n'est malheureusement pas un cas isolé...

VERGÈS. Si je vous disais que, même à la grande époque du maoïsme français, de telles dérives existaient ! Je me souviens d'un affairiste, qu'on retrouvera plus tard dans le premier cercle des hommes de Mitterrand et qui m'avait approché parce qu'il savait que je rencontrais souvent Chou En-Laï. Ce type voulait à toute force vendre aux Chinois un procédé de pré-cuisson du riz qui, semble-t-il, le protégeait des insectes. Il faisait donc mon siège pour que je lui en parle, et il était venu me remettre en mains propres deux sachets de ce riz précuit... Que j'ai immédiatement balancé à la poubelle. Vous m'imaginez rencontrant Chou-En-Laï avec deux sachets de riz à la main ?

DEBRÉ. La leçon de tout cela, c'est que, l'humanitaire, de bonne ou de mauvaise foi, a vécu, peut-être même et surtout, celui de bonne foi, fondé sur une médiatisation ciblée de certaines victimes. Sur leur identification volontaire au détriment de toutes les autres. C'est ce que j'appelle, par référence à Stefan Zweig, « la pitié dangereuse »...

Un seul exemple, la « chaîne du cœur », naguère organisée dans les hôpitaux français pour opérer des petits Vietnamiens atteints d'affections cardiaques : chaque année, des médecins français opèrent en France dix ou vingt enfants. Tout est extrêmement bien organisé. Des familles françaises accueillent les enfants, des collectes permettent de financer les voyages et les frais d'hospitalisation et de rééducation. Au total, pour chaque enfant, des dizaines de milliers d'euros sont ainsi dépensés. Des dizaines de milliers d'euros pour chacun des quelques dizaines d'enfants issus d'un pays où quelques centaines d'euros suffiraient pour en vacciner des milliers...

Seulement voilà, ces enfants ont un visage, un nom, et notre pitié s'accroche à ce visage et à ce nom. Combien d'enfants auraient-ils pu être sauvés si l'argent consacré à cette opération avait été dépensé sur place ? Le rapport est de un à mille. Pour chaque petit cardiaque sauvé en France, mille petits tuberculeux, bronchitiques, rougeoleux auraient pu être soignés au Vietnam. Leur seul tort à tous ces enfants, c'est d'être restés des anonymes. N'y a-t-il pas là une véritable source de scandale ?

Allons jusqu'au bout du paradoxe. Lors des opérations humanitaires de guerre, des sommes importantes sont réunies pour sauver des blessés. Elles permettent d'équiper des hôpitaux de campagne, d'envoyer en urgence des médicaments nécessaires et de la nourriture, solide ou liquide. Supposons que se glisse, parmi la foule des blessés, un enfant atteint d'une leucémie ou d'un cancer gravissime. Que faire ? Le cas de conscience qui se pose alors est terrible. Le simple bon sens, le minimum d'humanité, voudrait que l'on soigne cet enfant. Oui, mais il faut d'abord le faire venir en France, si possible avec sa famille, pour l'hospitaliser, sans être sûr de sa guérison. C'est-à-dire mettre en œuvre des moyens importants pour un résultat aléatoire.

De plus, si l'on accepte de prendre en charge cet enfant particulier, comment expliquer que l'on délaisse les autres, dont les souffrances n'ont pas de rapport avec l'urgence de la guerre ? Que vont devenir les enfants de ces pays atteints de maladies chroniques, cancéreuses ou dégénératives ?

Il ne s'agit pas de remettre en cause la sincérité des bons sentiments, mais la disproportion qu'ils introduisent entre l'enfant identifié par le journaliste et montré au monde, et la masse souffrante des anonymes. En corollaire, ces identifiés deviennent de plus en plus nombreux. Plus les malades « héroïsés » augmentent en nombre, plus ils coûtent cher à la communauté internationale, moins les anonymes peuvent avoir de chance d'être soignés ! Ne nous faisons pas d'illusion, l'argent de la compassion n'est pas illimité. Ce qui est utilisé pour quelques-uns est retiré à des milliers d'autres.

On pourrait facilement imaginer, en poussant le raisonnement jusqu'à l'absurde, que tout l'argent récolté soit donné pour ne soigner que les enfants désignés par les journalistes ou les médecins. et accueillis par les donateurs. Il s'agirait là d'une véritable vente aux enchères de la misère ! On voit la scène : Qui veut prendre en charge le traitement de ces enfants ? Madame ? Vous, Monsieur, au fond ? Une fois, deux fois... Adjugé.

Et pourquoi ne pas imaginer que ces « généreux donateurs » aient un droit sur l'avenir de ces enfants qui deviendraient ainsi des esclaves de la pitié, des prisonniers de la solidarité ? Nous n'en sommes pas loin. Il faut changer diamétralement notre conception des choses... Les bons sentiments à la Kouchner, c'est la médecine de Molière appliquée à un cancer généralisé......

VERGÈS. Les « bons sentiments »... Je vous trouve bien indulgent avec ce « bon docteur » Kouchner ! Je n'oublie pas que les « bons sentiments » ont pu servir à justifier les pires pulsions, à commencer par le massacre des Indiens...

DEBRÉ. Bernard Kouchner a sans doute beaucoup de défauts, mais il n'est pas cynique... Une dame patronnesse ne dissimule pas nécessairement « les pires pulsions » derrière sa générosité un peu maladroite...

VERGÈS. Kouchner comme BHL ne sont généreux que sous les *sunlights*, alors qu'il existe, c'est vrai, des dames patronnesses qui cultivent une générosité secrète... Mais que voulez-vous, j'en reste au mot terrible de Léon Bloy : *« Le feu a pris au Bazar de la charité ? C'est bien triste, mais on n'avait pas le droit d'associer ces deux mots : bazar et charité ! »* Je veux dire par là que, sans jeter la pierre à *Médecins du monde* et à *Médecins sans frontières*, où travaillent parfois des types formidables, l'humanitaire n'est qu'une illusion...

DEBRÉ. Je ne vous dirai pas le contraire, moi qui ai écrit un essai intitulé justement *L'illusion humanitaire* ! L'humanitaire sans vision politique sous-jacente n'existe pas. Il n'est que l'alibi de nos petites lâchetés. Trois types qui prennent tous les risques pour apporter quelques médicaments à une tribu perdue sont individuellement des héros ; mais ils ne changeront rien au cours des choses. Pire ! Ils peuvent servir d'alibi à l'inaction des gouvernements et à la démission des politiques.

VERGÈS. Mais, qu'avons-nous fait d'autre, vous et moi, tout au long de ce coup de gueule improvisé, que de plaider pour le retour de la politique ! L'humanitaire, en soi, ne veut rien dire ! C'est un principe abstrait. La seule chose concrète, ce sont les hommes, et les situations où se trouvent ces hommes. Or le seul instrument connu, à ce jour, pour régler les problèmes des hommes, c'est la politique. Il n'y en a pas d'autre. C'est pourquoi, du jour où fut abandonné le principe séculaire défendu par le général de Gaulle, suivant lequel la France n'a de rapports qu'avec des États, et non avec des régimes, notre pays a cessé de faire de la politique pour entrer dans le règne de l'abstraction morale. Et l'abstraction appliquée aux relations internationales c'est, au choix, la chienlit assurée, ou le règne du plus fort dissimulé derrière les bons sentiments.

DEBRÉ. Le fait est que, lorsque de Gaulle a rendu visite à Ceaucescu et à Franco, cela ne valait pas approbation de leur politique. Il venait saluer simplement la Roumanie et l'Espagne.

VERGÈS. Aujourd'hui, personne n'ose plus parler comme de Gaulle en disant : *« La France pense que... »,* mais le moindre ministricule donne des leçons de morale à la terre entière... Quand de Gaulle dit *« la France »,* c'est pourtant le contraire de l'orgueil, puisqu'il s'efface derrière son sujet en accomplissant, en quelque sorte, son devoir d'État ;

quand le ministricule prend à témoin le monde entier sur la situation des droits de l'homme en Algérie, il s'enfle comme la grenouille de la fable... Il va bien falloir un jour que toute cette enflure éclate pour qu'on en revienne aux réalités !

DEBRÉ. Quand je vois que, dans ce pays, on ouvre un journal télévisé du soir par la mort accidentelle d'un enfant, alors que 50 000 meurent de faim au même moment dans le monde, je me dis que nous marchons sur la tête. Quand je vois que la France, qui a donné à l'humanité la Déclaration des droits de l'homme et du citoyen, qui assure l'égalité de tous devant la loi, quelle que soit son origine sociale, ethnique ou religieuse, a failli céder au chantage d'une mafia pour donner à la Corse un statut dérogatoire au droit commun, je me demande si nos dirigeants sont dignes de se proclamer démocrates, et même si nous vivons encore en démocratie !

VERGÈS. *« Sans la France,* disait d'Annunzio, *le monde serait seul. »* Le monde, en ce moment, est un peu seul... Et l'Afrique, abandonnée parmi les abandonnés. Si la France veut se rendre utile, ce n'est pas en donnant des leçons : c'est en montrant l'exemple d'une solidarité intelligente, fondée sur la reconnaissance de l'autre dans sa spécificité, mais en même temps dans sa responsabilité...

« Commençons par l'enseignement de la santé »

D'où votre proposition à tous deux : partir des structures de santé pour rebâtir, en Afrique, un système de solidarité internationale conforme à la dignité des hommes...

VERGÈS. La santé est une source d'équilibre. Bernard l'a dit : elle est une des trois conditions pour qu'advienne une véritable démocratie. Les deux autres étant l'éducation, avec l'apprentissage de la lecture, puis, au sommet de la pyramide, bien sûr, la liberté d'opinion. Imagine-t-on des élections libres dans un pays qui compte des dizaines de milliers de morts par mois, pour cause d'inanition ou d'épidémie ? Peut-on envisager une véritable démocratie sans structures de soins décentes ? Or les structures de soins africaines, Bernard le sait mieux que moi, sont complètement dégradées...

DEBRÉ. Et je n'ose envisager le pire : à savoir que, dans certains pays, où la liberté n'existe pas, le maintien de la population dans un état sanitaire lamentable fasse partie d'un plan volontaire pour maintenir la population dans un statut de dépendance....

VERGÈS. Bref, je crois, malheureusement, que

dans beaucoup de pays africains, l'effort à fournir est tel que les dirigeants ne peuvent le réaliser, tant il coûte cher. Ce n'est pas le fait de construire un bâtiment ou des salles d'opération, même si ces constructions doivent être adaptées aux particularités des terrains qui posent de vrais problèmes : ce sont les coûts de fonctionnement et de maintenance...

DEBRÉ. Et si ce n'était que cela ! Non seulement la plupart des pays africains ne disposent pas des financements nécessaires pour élaborer des systèmes de protection aussi sophistiqués que les nôtres, mais ils sont surtout hors d'état d'en assurer la maintenance et le fonctionnement. Le CHU de Cocody que j'ai inauguré jadis commençait à tomber en ruine, cinq ans après son inauguration. Dix ans après, il l'était vraiment. Ce n'est que récemment que le bâtiment a été rénové... par les Chinois. Combien de temps va-t-il fonctionner ?

Et puis ces structures, quand elles existent, sont pour la plupart du temps vides, faute de matériels et de médicaments, génériques ou non. Les malades ne peuvent pas accéder aux soins, ils n'en ont pas les moyens. Il faut savoir que, lorsqu'on se fait opérer dans un hôpital en Afrique, il faut quasiment payer d'avance la totalité des consommables, gants, compresses, perfusions, aiguilles...

Donc, quelles sont les solutions ?

DEBRÉ. Commençons par l'enseignement de la santé au sens large. La caractéristique actuelle de l'Afrique dans ce domaine est assez particulière, puisque chaque pays considère comme inséparable de son indépendance de posséder sur son sol un centre hospitalier universitaire. Certains sont relativement importants et performants, et d'autres moins. L'enseignement de base n'est pas toujours bien délivré même si, spontanément, un certain nombre de CHU drainent, plus que d'autres, les étudiants des nations africaines voisines.

Bref, pour compenser cette situation, je propose de créer, en Afrique, trois grands CHU extraterritoriaux et francophones, dont le statut serait comparable à celui de l'OMS. La moitié des professeurs serait français ou européen, l'autre moitié africain, le recteur africain et le doyen francophone ou inversement. Il s'agirait vraiment d'une coopération forte, internationale, et même panafricaine. Les étudiants suivraient un cursus classique, mais leurs stages s'effectueraient dans les différents hôpitaux africains (Burkina-Faso, Togo, Bénin, Côte d'Ivoire, Mali,) quelle que soit la nationalité de l'étudiant et en fonction de son rang à l'examen. Un stage pourrait être effectué en France. Les étudiants bénéficieraient de bourses, la moitié payée par la France, l'autre moitié par le pays d'origine.

Ces CHU devraient tout de même répondre à certaines exigences, techniques bien sûr, mais aussi statutaires, afin qu'ils puissent se développer à l'abri des pressions politiques, sans parler des troubles qui menacent, en Afrique plus qu'ailleurs, la sécurité des biens et des personnes...

DEBRÉ. D'où l'importance du statut extraterritorial que nous proposons. Les personnels appelés à travailler dans ces CHU devraient être, à l'image de ceux qui travaillent à l'Unesco à Paris ou à l'OMS à Genève, des fonctionnaires internationaux, sauf certaines catégories qui pourraient être des employés locaux sous contrat à durée déterminée.

Ces personnels bénéficieraient des avantages des personnels internationaux dans le monde. Ils seraient, par définition, indépendants des pouvoirs politiques locaux.

VERGÈS. C'est un point évidemment fondamental. Quand on voit les querelles de clochers qui éclatent entre élus locaux à propos d'enjeux de pouvoir minables dans certains hôpitaux de province français, on ne peut qu'être attentif à protéger ces structures de toute ingérence...

Et puis les enseignants, comme l'a indiqué Bernard, seraient pour moitié issus du continent africain, pour moitié de l'Europe ou d'un autre continent, étant entendu que les salaires de ces enseignants seraient payés à 50 % par le pays d'origine et à 50 % par l'Organisation internationale responsable de la gestion de ces CHU.

Quant aux étudiants, ils seraient eux aussi pris en charge pour moitié par le pays d'origine et pour moitié par cette même Organisation internationale. Les zones de stage seraient étendues géographiquement sur plusieurs pays, ce qui provoquerait un brassage interafricain indispensable pour transcender les barrières ethniques et nationales.

DEBRÉ. Il y a aussi des écueils à éviter. Tout d'abord le mécontentement des pays qui n'auraient pas été choisis pour accueillir un CHU sur leur sol. Mais leurs hôpitaux feraient partie des zones de stage. Ensuite, il faudrait créer plusieurs centres panafricains — par exemple d'un centre de formation des personnels de direction hospitalière, ou un centre panafricain de formation de personnels techniques et de maintenance — centres qui se situeraient dans les États dépourvus de CHU. L'unité de lieu n'est d'aucune utilité : l'ENA qui se partage entre Strasbourg et Paris envoie ses élèves dans des lieux de stage très éloignés géographiquement, comme d'ailleurs l'école de Rennes qui forme les directeurs des hôpitaux.

J'ai déjà présenté cette proposition de CHU et de structures panafricaines aux ministres africains de la Santé en 1995 et en 1999 : tous semblaient séduits. Il faut maintenant une volonté politique pour appliquer ces recommandations !

VERGÈS. La question des parrainages est également très importante. Bernard m'arrêtera si je caricature, mais à quoi ressemble un parrainage d'hôpital africain aujourd'hui ? À un folklore sinistre grâce auquel nous nous débarrassons de nos vieux équipements, quand nous ne fourguons pas aux populations des stocks de médicaments périmés ! L'Afrique n'est pas un dépôt d'immondices, ni la solidarité un moyen de s'acheter une conduite à bon compte...

DEBRÉ. Ce n'est pas toujours le cas, fort heureusement, mais ce que vous dites sur les médicaments est parfois vrai !

VERGÈS. Donc, à côté des CHU interafricains, instituons des parrainages qui en soient vraiment ! Et pas seulement entre hôpitaux français et africains ! L'Europe pourrait trouver là un bon moyen de dépasser son tiers-mondisme de façade — « un tiers-mondiste, deux tiers mondain », telle est la devise de certains — pour se rendre vraiment utile.

Pourquoi ne pas faire parrainer l'hôpital de Port-

Gentil, au Gabon, par un hôpital français et un hôpital européen, ce qui permettrait de créer une meilleure osmose entre les différents hôpitaux et à chaque parrain de s'investir dans une aide plus ciblée ?

DEBRÉ. Je le souligne à nouveau : il serait hautement souhaitable que les étudiants, les internes et les chefs de clinique français puissent passer un an dans un pays du tiers-monde. Aller en brousse pour tenter de soigner la malnutrition, le paludisme, le sida, c'est un pas vers l'autre. Et c'est, dans le cadre panafricain, un formidable moyen de dépasser les vieux clivages ethniques et tribaux. Tous les Africains avec qui j'en ai parlé sont convaincus que c'est par le développement des structures de santé qu'on parviendra à faire progresser, non seulement la solidarité euro-africaine, mais ce qui est peut-être plus urgent encore, la solidarité panafricaine...

Je ne veux pas, à mon tour, verser dans le moralisme que nous reprochons, vous et moi, aux donneurs de leçons des beaux quartiers, mais s'il est une vérité à défendre, c'est bien celle-là : si l'on veut faire reculer les guerres, il faut commencer par accepter l'autre, et pour l'accepter, il faut le connaître. Loin des utopies et des grands mots, la multiplication des échanges entre professionnels de santé constitue, je le pense profondément, la première pierre d'une œuvre de paix...

« C'est à l'État de prendre ses responsabilités »

VERGÈS. Faisons bien attention, cependant, à ne pas retomber dans cette « illusion humanitaire » que vous décrivez si bien. On ne peut demander à chacun d'entre nous, ni surtout d'abord aux plus démunis des Européens, de placer la solidarité au centre de ses préoccupations quotidiennes.

L'échec des ONG, c'est aussi cela : susciter la mauvaise conscience pour mieux l'enrôler au service d'initiatives privées. Les ordres mendiants d'autrefois donnaient au moins l'exemple de la pauvreté. Ils ne s'enrichissaient pas en aidant les plus pauvres qu'eux. Mais ils n'ont pas pour autant réglé les grandes famines du XIVe siècle !

Ce que je veux dire, c'est que c'est à l'État de prendre ses responsabilités ! C'est lui qui représente l'intérêt général. C'est à lui, en priorité, de s'impliquer dans la lutte pour le développement. Parce que c'est son rôle. Et parce que c'est lui seul qui dispose des moyens financiers, *via* l'impôt des citoyens qu'il représente collectivement.

Et puis, nous l'avons dit : on ne doit plus aider l'Afrique pour se faire pardonner la colonisation, mais pour elle-même, et pour ses habitants. Ne soyons pas hypocrites non plus : autant j'estime vital, comme vous, la mise sur pied d'une solidarité internationale dont l'Afrique serait la première bénéficiaire, autant je suis sceptique sur la notion de solidarité gratuite. Dans le cadre d'un individu, le don gratuit est louable mais presque inutile face à l'océan de détresse qui nous entoure...

DEBRÉ. Inutile et profondément subjectif, puisque, comme je l'ai dit, au nom de quoi choisir tel enfant plutôt que tel autre ?...

VERGÈS. Certes ! Mais ce que je voudrais pardessus tout faire comprendre, c'est que cette solidarité gratuite est encore plus incompatible avec la nature des États qui sont des monstres froids. Mais des monstres froids qui, paradoxalement, sont les seuls à posséder les moyens de cette solidarité ! Il est donc grand temps de comprendre que le développement d'une Afrique africaine — pas celle que préconisent le FMI ni la Banque mondiale — peut apporter de réels avantages aux pays développés qui feraient l'effort de respecter la spécificité du Sud : réduire l'immigration de misère, vecteur de toutes les incompréhensions, donc de tous les racismes, mais aussi trouver de nouveaux marchés et de nouveaux débouchés pour nos industries, sans parler de la chance supplémentaire offerte à la francophonie...

DEBRÉ. C'est évident. Et puis, qui d'autre que l'État peut inciter les jeunes et les moins jeunes des pays riches à aller donner de leur temps au service des plus pauvres ? Qui d'autre peut leur faire comprendre que c'est aussi leur intérêt ?

Pour en revenir à la santé, pourquoi ne pas proposer aux étudiants en médecine des stages d'interne ou de chef de clinique dans les CHU panafricains ou plus exactement dans des hôpitaux dépendant de ces CHU ? Quant aux candidats professeurs, au lieu de les envoyer aux États-Unis, pourquoi ne pas les engager à aller exercer pendant six mois en Afrique, ce qui leur permettrait d'obtenir des points supplémentaires pour leurs concours universitaires ? On pourrait aussi proposer aux médecins confirmés de doubler leurs points de retraite s'ils allaient exercer une ou deux années dans des pays pauvres...

Vous disiez à juste titre qu'on ne peut demander aux pauvres des pays riches de s'impliquer durablement dans la détresse des pauvres des pays pauvres... Mais c'est à nos gouvernants de comprendre et de faire comprendre qu'aider les uns ne doit pas conduire à oublier les autres !

En France et en Europe, la fracture sociale ne cesse d'inquiéter, le quart monde se développe, la misère côtoie la richesse et le luxe. S'il est nécessaire d'intensifier la solidarité nationale, il ne faut pas oublier les misères et les drames des autres pays. Ce serait non seulement un crime mais une faute. Une partie de notre misère nationale est due à la désorientation, à l'angoisse de ceux, issus des pays pauvres qui vivent chez nous ou qui voudraient vivre en Europe.

L'évolution des technologies de la communication, la rapidité de l'information ont rendu le monde immédiatement accessible à tous, où que nous soyons. Un drame dans un pays africain est vécu en direct par un habitant de n'importe quelle ville de France. Mais l'inverse est aussi vrai. L'opulence des pays riches est vécue comme un véritable appel pour tous les pauvres du monde qui n'ont, avec raison, qu'une idée, venir chez nous pour sortir de leur misère. Si j'étais malien, je serais le premier à vouloir m'installer, même clandestinement, au nord de la Méditerranée...

Bref, cette accélération de la connaissance...

VERGÈS. Disons de l'information...

DEBRÉ... rend d'autant plus urgentes nos actions et notre solidarité. Il est tout de même insensé que les pays du Nord, qui n'ont de cesse de vouloir créer une justice internationale pour juger les autres à l'aune de leurs propres valeurs, persistent dans ce cynique « deux poids deux mesures » qui conduit à se satisfaire de la mort de 7 millions d'Africains pour cause de malnutrition, et à crier au scandale quand un enfant français meurt d'une méningite !

Quand une méningite se déclare ici, on alerte la presse écrite et la télévision, on vaccine tout l'entourage du malade. Mais nous oublions qu'il y a 15 000, 30 000 méningites mortelles, quelquefois même 50 000 ailleurs, le même jour, en Afrique et en Asie. Cette inégalité n'est pas tolérable, et j'aimerais convaincre ceux qui nous lisent que l'exclusion sanitaire n'est rien d'autre qu'un génocide !

VERGÈS. Vous savez bien qu'un génocide non reconnu, j'ose dire, non codifié, n'existe pas ! C'est le summum de l'hypocrisie, mais c'est ainsi : à Nüremberg, les mêmes qui jugeaient l'Allemagne pour ses crimes n'étaient nullement gênés par le fait qu'en Australie, membre éminent du Commonwealth de sa Gracieuse Majesté, on oubliait de recenser les aborigènes au motif qu'ils faisaient partie de la « faune »... Ainsi pouvait-on les exterminer en toute quiétude.

S'agissant de la politique du médicament, qui est inséparable de la coopération sanitaire que vous proposez, que pensez-vous de la position du sommet de Johannesburg qui, en août 2002, a sommé les laboratoires pharmaceutiques de vendre aux pays pauvres des molécules génériques à 1 % ou 2 % de leur prix ?

DEBRÉ. Je pense tout simplement que c'est une folie. Aucune entreprise ne peut céder à une telle injonction sous peine de se suicider. Et c'est encore plus vrai d'une entreprise qui a besoin de profits énormes pour financer ses recherches. Si l'on confisque le profit, plus de recherches, ou alors des recherches réservées aux médicaments que seuls pourront se payer les pays développés. Ce qui est exactement l'inverse du but recherché !

Vous verriez alors les laboratoires concentrer leurs recherches sur les maladies de « riches » : cancer notamment, et tout arrêter en direction des « maladies de pauvres », palu, rougeole, etc.

Une fois de plus, c'est aux États de prendre leurs responsabilités. Et c'est dans le cadre de cette responsabilité — responsabilité de chaque État, mais aussi responsabilité partagée des États du Nord à l'égard des populations du Sud — que je propose d'instituer un système de délégation de services publics.

Quel en serait le principe ?

DEBRÉ. Avant d'en venir à la théorie, prenons l'exemple des médicaments. Une entreprise, nous l'avons dit, ne saurait vendre longtemps à perte sous peine de disparaître. Pour financer la recherche, qui est l'expression de l'intérêt général, il faut donc mobiliser les États. Le but serait de créer une caisse de compensation structurée autour de trois partenaires : les pays riches, qui financeraient l'essentiel, les labos qui accepteraient de réduire leurs marges — je dis bien de réduire, dans des proportions négociées, compatibles avec leurs travaux en cours — et les pays pauvres qui accepteraient de faire un effort symbolique.

N'est-ce pas un peu utopique ?

DEBRÉ. L'utopie, contrairement à l'angélisme, peut être créatrice ! Il est angéliste, donc complètement stérile, de penser que les entreprises privées, dont c'est le métier de faire du profit, vont se saborder pour soigner gratuitement les populations défavorisées — qu'elles ne soigneraient d'ailleurs pas bien longtemps, dans l'hypothèse où elles décideraient de se sacrifier. Mais pourquoi s'interdire d'imaginer une prise de conscience du caractère impératif de la solidarité ? Impératif pour les pauvres tout autant que pour les riches qui, sans cela, devront se résoudre à accueillir ce que Michel Rocard appelait joliment « toute la misère du monde », avec ce que cela comporte de déstabilisant pour l'équilibre social des uns et des autres, ceux qui n'ont plus les moyens d'intégrer et ceux qui, forcément, se trouvent rejetés faute de pouvoir être accueillis...

Quand mon grand-père, Robert Debré, a participé à la création de l'Unicef, on l'a traité de fou. Et l'Unicef fonctionne. L'utopie peut fonctionner quand elle prend appui sur la réalité ! Pas l'angélisme. Obliger les entreprises à scier la branche qui les soutient, c'est absurde ! Leurs profits financent la recherche, et la recherche sauve des vies, sans parler des emplois qu'elle crée. On peut leur demander de faire des efforts, de réduire leurs marges, mais pas de se sacrifier. En revanche, créer progressivement les conditions d'une part fixe réservée à l'aide sanitaire directe, dans le budget des États développés, c'est de l'utopie créatrice. Parce qu'on sait qu'on peut y arriver. Et qu'en plus, c'est de notre intérêt !

Créer un système de délégation de service public dans le domaine du médicament permettrait, en liaison avec une banque mondiale du médicament, de se substituer, pendant une période déterminée, au pays qui n'a pas les moyens de soigner ses populations, pour l'évaluation des besoins d'abord, pour la distribution ensuite !

Est-ce que vous ne retombez pas, subrepticement, dans l'ingérence humanitaire que vous dénoncez par ailleurs ?

DEBRÉ. Mais c'est tout l'inverse ! Première différence, l'ingérence humanitaire intervient quand les catastrophes sont arrivées : faut-il attendre que les populations s'entretuent, que la famine ravage le pays, que les épidémies fauchent des millions et des millions de malheureux, pour envisager une action d'urgence ? Évidemment non ! La délégation de service public est, au contraire, un concept d'action préventive.

Prenons l'exemple du sida. Je propose, depuis des années, de créer un plan international d'épargne vaccin. Le sida tue toujours, surtout dans les pays pauvres, mais les progrès de la recherche sont incessants et ils devraient permettre, nous le savons, d'aboutir, un jour prochain, à l'élaboration d'un vaccin. Mais nous savons aussi que, si rien ne change, ce vaccin coûtera tellement cher qu'il sera totalement hors de portée des pays pauvres. Donc, ne rééditons pas l'erreur funeste que nous avons commise avec les médicaments : soyons simplement prévoyants !

Que, dès maintenant, tous les pays, en fonction de leurs moyens, versent chaque année une somme donnée dans un plan international d'épargne qui sera géré par l'ONU SIDA ou par l'OMS. Eh bien, quand le vaccin sera trouvé, l'argent épargné servira à subventionner une partie du coût de ce vaccin pour que les pays pauvres puissent en bénéficier !

Deuxième différence, encore plus fondamentale, entre la délégation de service public et l'ingérence humanitaire classique : il ne s'agit pas d'un chantage, mais d'un contrat. On ne dit pas aux pays pauvres : « *Instaurez la démocratie, privatisez vos entreprises publiques* », ou encore : « *Chassez vos dirigeants* » pour obtenir notre aide. On leur dit : « *Concluez avec nous un contrat.* » Un contrat volontaire, un contrat aux termes clairs, un contrat inscrit dans le temps et par nature réversible...

VERGÈS. Il est clair que de tels contrats sont aux antipodes de la pratique actuelle, qui consiste à imposer unilatéralement, aux pays que l'on prétend aider, des recettes totalement contradictoires avec leurs besoins réels, et qui contribuent bien souvent à aggraver leur situation. Je pense, par exemple, aux privatisations qu'on impose à des États qui commencent tout juste à mettre sur pied des services publics de qualité. C'est à la fois inefficace et criminel, et tout aussi méprisant pour le droit des peuples que l'était la colonisation ancienne !

Dans des pays dotés de services publics anciens, menacés par la sclérose et qui, paradoxalement, servent de moins en moins l'intérêt général, la privatisation peut être un moyen d'accroître l'efficacité de certaines structures. Mais il faut être complètement éloigné des réalités pour penser que le seul fait de privatiser nourrira tout le monde et fera reculer les pandémies. Dans les États de l'ex-Union soviétique, les privatisations brutales n'ont enrichi que des mafias...

Ne craignez-vous pas, cependant, qu'on accuse ce système de délégation de service public, à défaut de pratiquer l'ingérence, de légitimer une certaine forme de « recolonisation » ?

DEBRÉ. Mais la colonisation, ce n'était pas un contrat ! C'était l'expression d'un droit de conquête ! Si la colonisation a été rejetée, c'est moins à cause de son bilan, dont je suis le premier à reconnaître qu'il a été parfois positif : c'est parce que ce bilan procédait d'une volonté unilatérale ! Rien de tel dans ce que nous proposons : aucun État n'est forcé d'accepter les termes du contrat, et s'il les accepte, il peut les dénoncer, comme dans tout contrat. Si vous appelez cela de la colonisation, je ne sais plus ce que le mot veut dire...

Quand la Grande-Bretagne privatise son électricité, quand EDF est sur les rangs, et quand EDF remporte le marché, il ne viendrait à l'idée de personne de prétendre que la France colonise l'Angleterre. Bien. Alors, prenons les choses à l'envers et disons ceci : ce dont l'Afrique manque, ce n'est pas d'entreprises privées, elle en trouvera toujours quand des conditions minimales de sécurité seront assurées ; ce dont elle manque, c'est d'abord de services publics. Et de services publics vitaux, sans lesquels il ne peut y avoir de paix, de sécurité, ni *a fortiori* de démocratie : ceux liés à la santé et à l'alimentation. Donc, créons une instance internationale *ad hoc*, qui sera chargée de passer des contrats, pays par pays, situation donnée par situation donnée. Et dans le respect de la souveraineté des États, pour un objectif précis et une durée négociée, nous verrons ainsi se mettre en place des services publics provisoires dont le savoir-faire deviendra la matrice de structures nationales permanentes... C'est ainsi qu'on parviendra à aider l'Afrique dans le respect de son identité, mais aussi en exigeant de ceux qui la dirigent une vraie responsabilité. Ce n'est pas avec des sacs de riz et de bons sentiments...

« Créer une taxe internationale de solidarité »

Les principes étant posés, pouvez-vous être plus précis sur l'architecture générale de votre projet ?

DEBRÉ. Pour agir efficacement, il faut réunir trois éléments : de l'argent, des réseaux, et par-dessus tout, de la volonté politique.

L'argent ! En ce qui concerne la santé publique, il en faut beaucoup. En décembre 1994, alors ministre de la Coopération, j'ai réuni 40 chefs de Gouvernement et les ai convaincus de créer une banque mondiale du médicament. Edouard Balladur a immédiatement versé 100 millions de francs, les autres pays se sont engagés à en faire autant. Puis cette banque a été oubliée. Mais on lui trouve aujourd'hui tellement de vertus qu'il est question d'en créer une autre....

Pourtant, qui, en dehors de la France, a tenu ses engagements ? Personne ! Il était prévu d'affecter plus de 10 milliards d'euros à la Banque du médicament, elle n'en possède pas 2... Il faut donc reprendre cette idée et en faire le pivot de la solidarité Nord-Sud. Comment ? En créant, tout simplement, une taxe internationale de solidarité.

Une sorte de taxe Tobin ?

DEBRÉ. Rien à voir ! La taxe Tobin est une taxe sur l'investissement, donc sur la création de richesses... C'est un lit de Procuste. Ici, c'est presque l'inverse : on ne punit pas les riches, on aiguille une partie — je dis bien : une partie — de leur capacité d'investissement vers ceux qui en ont le plus besoin.

Il ne s'agit donc pas d'un impôt nouveau pour les riches des pays riches, mais d'un pourcentage obligatoire prélevé sur chaque budget national, c'est-à-dire sur tous les contribuables en proportion de leurs revenus. Cet argent serait versé à une banque de solidarité internationale et servirait de capital. Ses revenus serviraient d'argent disponible. En dix ans, elle pourrait être dotée de plus de 1 000 milliards d'euros.

Que faire de ces revenus ? J'insiste bien, ce n'est pas l'argent déposé qui servira à la solidarité, mais les revenus issus de cet argent. C'est là qu'interviennent les délégations internationales de service public.

Aux chefs d'État des pays les plus défavorisés, cette banque tiendrait le langage suivant : *« Monsieur le Président de la République (des Comores), votre système sanitaire est dramatiquement pauvre, votre population n'est pas bien soignée, nous vous proposons de déléguer pendant une durée à définir votre système sanitaire, étant entendu que cette délégation sera volontaire et négociée. Volontaire, parce qu'il ne s'agira pas d'un droit d'ingérence, et négociée, car aussi bien les termes que le contenu du contrat seront acceptés de part et d'autres. »*

Une fois ce contrat établi, la banque de la solidarité internationale nomme un opérateur, que j'appelle par facilité un préfet sanitaire, mais il devra prendre un autre nom. Cet opérateur devra d'abord faire un audit de l'état sanitaire, du système de distribution des médicaments, des hôpitaux et des dispensaires, mais aussi de l'éducation sanitaire de base, puis se mettre au travail pendant la durée de son contrat pour restructurer ces systèmes et les mettre à un niveau acceptable pour la communauté internationale. L'opérateur, en accord avec les clauses du contrat de délégation, sera le seul décideur de ces actions.

À côté de l'argent et de l'opérateur, il faut une structure humaine et technique. Cette structure sera différente selon les pays et l'orientation de l'opérateur. Pourront s'y associer les ONG internationales, nationales, caritatives, etc. Mais il faudra aussi créer, dans chaque pays, un service de solidarité internationale, en particulier pour les États qui ont aboli le service militaire national.

Un service volontaire ?

DEBRÉ. Bien sûr ! Mais je prends ici le pari qu'il aurait un succès considérable. Pensez-vous que si l'on proposait à des dizaines de milliers de jeunes de chez nous de réserver six mois de leur vie pour aller, dans les pays pauvres, aider à la reconstruction ou à l'amélioration du système sanitaire, ils se défileraient ? Enfin et surtout, il faut une volonté politique et je suis payé pour savoir que ce n'est pas une mince affaire. Ni l'ONU ni l'Union européenne n'ont montré l'efficacité qu'on aurait pu attendre, eu égard à leurs moyens, dans la restructuration des systèmes sanitaires des pays pauvres. Il faut que ces organisations le reconnaissent. Et il faut que les États membres de ces organisation aient le courage d'installer une nouvelle structure autonome. Elle pourrait s'appeler l'Organisation internationale de la solidarité (OIS), ou en anglais ISO, qui signifie « égal ». Vous voyez, je fais une entorse à mes convictions francophones, tant l'enjeu me paraît décisif et digne de toucher le plus grand nombre !

Vous parliez d'un « opérateur » désigné pour chaque pays en voie de développement. Comment serait-il choisi ?

DEBRÉ. Cet opérateur, que j'appelle provisoirement « préfet sanitaire », serait choisi par l'Organisation internationale de solidarité en fonction de ses qualités et de son expérience. Il s'entourerait de volontaires internationaux. Le comité directeur de l'Organisation internationale vérifierait périodiquement la bonne réalisation du contrat. C'est ce que j'ai proposé aux ministres de la Santé des pays africains à Genève : pas un n'a considéré qu'il s'agissait là d'une manœuvre néo-coloniale !...

Alors, pourquoi cette idée n'est-elle pas allée plus loin ?

DEBRÉ. Tout simplement parce qu'il reste à convaincre les pays riches !

Jacques Vergès souscrit-il à cela, dans le principe comme dans le détail ?

VERGÈS. Dans le détail, je fais confiance au praticien de la santé qu'est Bernard. Et dans le principe, je constate que ce plan, à bien des égards révolutionnaire, s'accorde infiniment mieux à la spécificité africaine que la privatisation à la Thatcher !

Les contrats de délégation ont l'avantage de ne pas nier la souveraineté des États puisqu'ils sont volontairement signés et que leur exécution relève de la solidarité internationale. Et la délégation n'est pas non plus une privatisation déguisée puisqu'il n'est pas question ici d'un retour direct sur investissement. Seulement d'un pari à long terme, à très long terme même, sur le développement, lequel pourra seul stimuler la consommation, donc créer des marchés profitables aux pays riches... On est loin, et c'est bien ainsi, des exigences de retour sur investissement des fonds de pension américains, exigences qui ruinent les économies européennes quand la croissance n'est pas au rendez-vous !

Revenons pour finir aux médicaments. Au-delà même des préconisations de Johannesburg, certains pays pauvres revendiquent le droit de copier les médicaments existants. En un mot, de créer leur propres génériques...

DEBRÉ. Ce serait un piège pour tout le monde. Pour les pays développés, certes, mais à la fin des fins, les laboratoires trouveraient une parade en concentrant leurs recherches, comme je l'ai dit, sur les molécules requises pour les maladies de « riches », mais aussi et surtout pour les pays pauvres qui, de fait, verraient s'éloigner l'espoir de voir traiter efficacement leurs pathologies.

Ce qu'il faut faire est relativement simple : évaluer les besoins de chaque pays pauvre ; puis ouvrir des négociations commerciales avec les laboratoires pour acheter les médicaments brevetés au plus bas prix possible, mais sans léser les laboratoires pharmaceutiques, comme dans toute négociation commerciale. Et enfin, estimer le budget que le pays pourra affecter à l'achat de ces médicaments.

La différence entre le prix de vente et la capacité d'achat du pays sera à la charge de la Banque mondiale du médicament ou de la Banque internationale de la solidarité, les revenus de la banque permettant de diminuer le prix d'accès aux thérapeutiques fondamentales. Ainsi, les laboratoires continueront à investir pour chercher, et les pays pauvres ne seront pas exclus des thérapeutiques qui leur font le plus défaut : antibiotiques, antipaludéens classiques, antipyrétiques, antidiarrhéiques.

Mais ne nous focalisons pas sur les seuls génériques. Actuellement, les molécules utilisées sont extrêmement hétérogènes. Elles proviennent, pour beaucoup, de pays dans lesquels les normes de bonne pratique de fabrication et de bonne pratique clinique ne sont pas mises en application.

Certains pays comme l'Inde, la Chine, la Corée, l'Égypte, la Turquie et l'Argentine fabriquent des génériques parfois douteux. Pour y pallier, plusieurs pays développés éditent une liste positive d'exigences qui sont loin d'être universellement admises ou appliquées. Il y a donc actuellement une absence de standards internationaux clairs, où l'on exigerait pour les médicaments génériques l'équivalent de ce qui est établi pour les médicaments sous brevet.

Un autre écueil est la difficulté d'assurer la « testabilité » des produits et des matières premières, qui sont les bases de fabrication, non seulement des produits actifs mais aussi des excipients. Les génériques peuvent donc poser des problèmes de responsabilité pharmaceutique que ne prennent pas en compte les simples critères économiques.

En oubliant ces principes, on court le risque de favoriser le commerce parallèle de médicaments, pratique qui consiste à importer un produit d'un pays dans lequel son prix est inférieur à celui proposé par l'entreprise qui l'a enregistré. C'est une dérive qui peut être dangereuse. Le générique n'est pas un médicament anodin. La mondialisation et la pression exercée par les financiers font oublier que le patient a des droits, à commencer par le respect des critères élémentaires de qualité.

Les médicaments génériques dans les pays émergents sont au centre d'une mécanique complexe, mettant en jeu les bailleurs de fonds, les autorités nationales, les institutions internationales et les industriels, les États souhaitant, à juste titre, conserver un contrôle sur la qualité des médicaments importés ou fabriqués localement. Idéalement, la fabrication devrait se faire dans la zone économique des pays émergents eux-mêmes, sous le contrôle d'ingénieurs ou de pharmaciens internationaux délégués par l'Organisation internationale de solidarité.

Cette industrialisation aurait plusieurs avantages incontestables. D'abord, elle serait la source d'emplois qualifiés ; ensuite, elle serait une voie vers l'autonomie industrielle des pays émergents. Car la coopération a une fin, c'est celle de rendre les pays pauvres autonomes et plus riches au terme des contrats internationaux de services publics que je défends...

« Nos "vieilles" nations peuvent encore jouer un rôle essentiel »

Pensez-vous possible d'étendre votre système de délégations de services publics à d'autres domaines que la Santé publique ?

DEBRÉ. Naturellement. Mais comme je me suis toujours efforcé de ne pas céder à cette manie très contemporaine qui consiste à avoir un avis sur tout, y compris sur ce qui n'est pas de sa spécialité, je préfère me cantonner à ce que je connais le mieux... On me prête, à tort ou à raison, une certaine expertise dans le domaine de la santé, alors je dis ce que j'ai à dire, avec la conviction très forte d'être dans le vrai. Mais n'attendez pas de moi des préconisations définitives sur l'ensemble des secteurs économiques...

Politiquement, je voudrais cependant faire une

dernière proposition. Elle concerne la stabilité sans laquelle rien de durable ne se créera en Afrique, ni investissement, ni partenariat, ni *a fortiori* confiance. Comment éviter que les pouvoirs forts — dont l'Afrique, c'est vrai, a souvent besoin pour se restructurer — ne sombrent dans le despotisme, qui est la rançon de l'usure, et qu'ils permettent, par là, une marche vers plus de démocratie ? Eh bien, il faut aider ces pouvoirs à ménager des transitions. Et le meilleur moyen, c'est d'inventer un mécanisme qui permette au chef d'État usé, vieillissant, tenté par l'inamovibilité, d'envisager son retrait sans craindre pour son avenir personnel.

Ma proposition ? Transposons à l'échelon panafricain ce qui existe dans les structures de base de la société traditionnelle africaine : un Conseil des sages où le président sortant trouverait naturellement sa place et, par là, une forme de statut et d'immunité. Que faisons-nous d'autres, nous-mêmes, avec notre Conseil constitutionnel ? Nous offrons à nos anciens chefs de l'État un statut de « sages »...

Ce qui semble naturel en Europe serait doublement utile en Afrique où la retraite rime trop souvent avec l'assassinat... Voyez Mobutu ! Au début, un vrai président ; à la fin, un vieillard despotique et népotique. Mais avait-il d'autre issue que de s'agripper désespérément à ce qui lui restait d'attributs ? Laisser le pouvoir à ses opposants aurait signifié, dans le contexte de la guerre avec le Rwanda, sa liquidation immédiate. Si on lui avait fourni une porte de sortie honorable, croyez-vous qu'il se serait si lamentablement accroché ? Il serait devenu membre d'une structure permanente et respectée qui lui aurait garanti, à la fois, et sa retraite et sa sécurité physique. Au lieu de cela, on dit aux chefs d'État : *« Vous êtes là depuis trop longtemps, partez ! »* C'est l'encouragement pur et simple à la guerre civile !...

VERGÈS. Pourquoi pas ? Mais vous conviendrez comme moi que cela concerne, d'abord, les Africains eux-mêmes. Si je soutiens, totalement, en revanche, ce que propose Bernard pour les secteurs de santé, c'est que j'estime qu'une telle approche permet de dépasser l'éternel clivage entre la tentation cartiériste — *« Laissons l'Afrique et le tiers-monde en général face à leur misère, décidément trop coûteuse pour le monde développé »* — et son pendant universaliste, mais non moins ethnocentré : *« Ces gens-là sont décidément sous-capables, employons-nous à leur montrer le chemin. »*

Surtout, et cela sera, si vous le permettez, mon mot de la fin, ce plan de délégations internationales de services publics sur lequel Bernard réfléchit depuis des années, sans parvenir à en convaincre les grands de ce monde, arrive à point nommé pour réveiller la « vieille Europe », comme dit cet insolent de Donald Rumsfeld.

Que s'est-il passé, en somme, depuis le milieu de l'année 2002, à la faveur de l'affaire irakienne et de la crise ouverte entre l'Europe et les États-Unis ? Une prise de conscience que rien d'apparent ne laissait soupçonner, mais qui traduit une lente maturation des opinions publiques : grâce à Chirac, mais aussi à Schröder et à Poutine, nos « vieilles » nations, qui ont décidément plus de ressorts que certain pays « neufs » de l'ex-empire soviétique, finalement habitués à se soumettre au droit du plus fort, se sont aperçus qu'ils pouvaient encore jouer un rôle essentiel dans le maintien des équilibres mondiaux. En résistant à la volonté de puissance américaine, en refusant d'écraser sous les bombes, sans autre forme de procès, l'un des peuples les plus pauvres du monde, martyrisé s'il en est par un embargo injuste, l'Europe a retrouvé la voie de l'existence, et partant de la puissance.

Quelle meilleure occasion d'en faire usage que de reprendre collectivement à son compte ce formidable instrument de solidarité avec le Sud que constituent les délégations de services publics ? Quelle meilleure occasion de montrer aux Américains ce que valent leurs manœuvres pour le pétrole, en Afrique et au Moyen-Orient ? Voyez déjà le prestige acquis par la France parce qu'elle a osé dire « non » à Bush ? Croyez-vous que ce Président-pétrolier serait accueilli à Alger avec le même enthousiasme qui a entouré la visite de Chirac, en mars 2003 ?

Voyez l'Allemagne de Schröder qui, pendant le premier mandat du Chancelier, n'a eu de cesse, comme nous l'avons rappelé, d'agir en bras armé des Américains en Europe centrale ? Qui aurait pu penser que, sur le dossier irakien, au cœur des rapports Nord-Sud, la puissance allemande aurait fait preuve d'autant d'indépendance ? Eh bien, nous sommes ici au cœur de ce que Saint-Just appelait la *« force des choses »* : dans une situation qui secrète sa propre logique et sa propre dynamique.

DEBRÉ. Un tabou, et non des moindres, vient d'être levé : celui de l'indifférence des nantis à l'endroit des déshérités !

VERGÈS. Ce que l'Europe n'était pas en état d'entendre hier, la voici toute prête à le comprendre aujourd'hui, et ce, par un curieux détour de l'histoire : grâce à l'*ubris* des États-Unis, à leur démesure agressive, qui vient de nous réveiller ! Pour la première fois depuis longtemps, et j'ose dire, pour la première fois tout court, la vocation africaine de la France peut devenir, grâce à la nouvelle donne qui se met en place, la vocation africaine de l'Europe !

TABLE DES MATIÈRES

Composition JOUVE
Achevé d'imprimer en avril 2003
sur presse Cameron
par ***Bussière Camedan Imprimeries***
à Saint-Amand-Montrond (Cher)

N° d'édition : 38509.
N° d'impression : 030320/4.
Dépôt légal : mars 2003.

Imprimé en France

ISBN : 2-70-9624-591